税務調査の事前対策

企業を守る [税務監査] のポイント

税理士 菅原宣明 著

清文社

はじめに

　前書『税務調査五輪の書──税務調査選定のポイント』を執筆して4年が経過しました。長年の税務調査経験を通じて蓄積した「調査ノウハウ」を後輩に伝える目的で執筆したものでしたが、その後、税理士の方々からも講演依頼をいただくようになりました。そして講演をしていて感じたことは、皆さんが求めておられるのは、申告書から見える問題点を事前に解消する「税務監査のポイント」なのではないか、ということでした。

　「税務調査」と「税務監査」は、表裏一体の関係にあります。税務監査の目的は、調査があっても「申告是認」を勝ち取る「適正な申告」を担保することです。そのためには、税務署に申告書を提出する前に、税理士の目でもう一度チェックすることが必要になります。その最善の手法は「調査対象者の選定ポイント」を先取りして、申告書を注意深く見ることです。問題があれば、その姿が自然に見えてきます。そのための手法をこのたび『企業を守る「税務監査」のポイント』としてご紹介することにいたしました。

　本書は、前書では紙数の関係でふれることのできなかった「総合調査から見た税務監査のポイント」を中心に据え、「税務調査の原点と法的根拠」「税務調査対象者の的確な選定」「調査ノウハウから見た税務監査のポイント」「粉飾決算と税務監査のポイント」等の執筆に挑戦しました。また、「脱税・所得隠し・申告漏れ」に関する事例をご紹介していますので、一線を越えた「過度の節税」の相談には、歯止め材料としてもご活用いただけると思います。

　新書面添付制度の活用は、「税務監査」をより具現化したものといえますので、添付書面として有効と考えられる記載例も紹介しました。また、会計参与の行動指針は、筆者には「税務監査マニュアル」のように思われますので、この指針も紹介させていただいています。

　「適正な申告」であれば、調査を受けても否認されることはありません。そのために本書が少しでもお役に立てれば、筆者の喜びとするところです。

〈書面添付制度の沿革〉

　昭和28年、日本税理士会連合会の税理士法改正要望書において、「税務計算書類の監査証明書」を税理士法に加える要望をしたが、当時の大蔵省主税局は税務監査の必要性を認めず、代替案として書面添付制度の創設を盛り込み、昭和31年に書面添付制度が創設された。

　また平成7年、日本税理士会連合会制度部の「税理士法改正に関する意見書」において、「書面添付制度の趣旨を活かすためあらかじめ調査着手前に当該税理士に意見を述べる機会を与え、問題点が解明されないときの場合のみ調査に移行すべきである」との要望が、平成13年度の事前通知前の意見聴取制度（税理士法35条1項）の創設となった。

　　　　　　　　　　　　　　（日本税理士会連合会ホームページより）

追　記

　巷の書店には、相続税に関する節税対策や事業承継の本が溢れています。税理士会の認定研修にも、株式評価や借地権をテーマとする講演が、多くの税理士の人気を集めています。

　こういった本の執筆者や講師の先生方は、財産評価通達を非常に奥深く研究され、相続税財産の評価を下げる「魔法の杖」としてご教示されておられます。筆者もこれらの本の購入や、研修への受講参加を積極的に行っています。先生方もこれらの本や研修で得た知識をご活用されていると思います。

　しかし、そこに「大きな落とし穴」があると思われるのです。特定の相続財産を低く評価することにより、遺産分割（民法の世界）に不当に介入する結果となってはいないでしょうか。

　例えば、自社株を持株比率の引下げによる配当還元方式や、類似業種比準方式の節税スキームを利用して、節税前の純資産評価額から10分の1まで評価を下げることができたとします。すると、その自社株を相続する人は、実際には評価額の10倍の価値の株式を取得しているということになり、他の相続人とのバランスを大きく崩す結果になってはいないでしょうか。

借地権の自然発生論（筆者は否定していますが）は、被相続人の意思とは関係なく、自社株を相続する人のみに移転させます。建物評価にしてもしかりです。相続税の節税スキームでも、借入金で賃貸物件の不動産を取得するよう教示しています。先生方も「賃貸不動産は、土地は貸家建付地の評価で、建物は固定資産税評価額で評価するので、借入金との差額が節税になる」とアドバイスされていると思います。

　過日、このような相談がありました。相続人は、長男と次男の２人で、次男の方からの相談です。

> 　父が10年前、銀行で３億円の借入れを興し、その資金で賃貸マンションを取得していました。父は、家賃収入で借入金を返済しておりました。相続発生時の借入金残高は２億円です。賃貸マンションの土地・建物の評価額は１億円、収入は年間2,000万円程度ありますので、借入金の返済は十分です。
> 　この物件は、父の遺言で兄が相続することになっています。
> 　兄は、借入金残高２億円の半分の１億円は、私の持分だと言っています。
> 　私は、収入を無視した借入金の持分押し付けには承服できませんので、家庭裁判所に調停を申し出ています。担当の税理士は兄の友人なので、十分な説明をしてくれません。
> 　先生、なにか良い知恵はないでしょうか？

　私は、「担当の税理士さんに言って、お父さんの不動産所得の青色決算書を取り寄せてみてください。所得税法上の土地・建物の評価がありますので、その金額で評価し直されてはいかがですか。恐らく借入金以上の評価になっていると思いますよ」とアドバイスしました。

〈「魔法の杖」の実像は、節税効果全額が長男に移転〉

	所得税法の評価	財産評価通達の評価（節税1億円）
全相続財産	500,000,000円	400,000,000円
借入金	200,000,000円	200,000,000円
基礎控除	70,000,000円	70,000,000円
課税価格	230,000,000円	130,000,000円
税額	(75,000,000円)	35,000,000円　（節税4,000万円）
長男取得財産	132,500,000円	182,500,000円（節税の全額移転）
次男取得財産	132,500,000円 （3億円÷2－1,750万円）	82,500,000円（遺産分割に不利） （2億円÷2－1,750万円）

☆この節税対策では、賃貸マンションを相続する長男のみに対策効果の全額が移転し、次男は受け取るべき遺産分割額が5,000万円減少する。

　借入金で賃貸物件を取得する節税スキームは、その事業用の土地・建物を相続する人のみに移転して、他の相続人は節税の恩恵を全く受けず、借金のみ平等に背負わされます。財産評価通達は、相続人全員に相続財産の適正な価格（時価）を示す重要な役目を担っていますが、一部の規定は、特定の相続人のみに有利に働く結果になっていると考えられるのです。

　我々税理士は、税務の専門家（法律家）として相続人全員に公正・公平なアドバイスをする責任を負っています。相続が「争族」とならないためにも、事業承継や政策目的での評価額の軽減は、相続人全員に平等に適正な評価額を示した上での「特別軽減措置」として、租税特別措置法に規定されるべきではないでしょうか。

平成20年2月

著　者

目　次
****

◎はじめに

第1章　企業を守る税務監査

1　税務調査と税務監査は表裏一体 ……………………………………… 2
2　財務監査と税務監査 …………………………………………………… 4
3　中小企業と税務監査 …………………………………………………… 11
4　会計参与と税務監査 …………………………………………………… 14
5　税務監査は税務調査の防波堤 ………………………………………… 18

第2章　税務調査の原点と法的根拠

1　税務調査の原点は税務運営方針 ……………………………………… 22
2　税務運営方針が示す各税共通の調査対象者と資料収集 …………… 24
3　税務運営方針が示す各税の調査対象者 ……………………………… 26
4　税務運営方針が示す調査・査察の重点調査目標 …………………… 28
5　税務調査の法的根拠 …………………………………………………… 30
6　強制調査の法的根拠 …………………………………………………… 37

第3章　税務調査対象者の的確な選定

1　総合調査は究極の税務調査 …………………………………………… 44

2	総合調査の選定手順例 ………………………………………	45
3	総合調査の基幹は相続税？ …………………………………	46
4	生涯所得と相続財産 …………………………………………	51
5	法人所得と相続財産 …………………………………………	52
6	相続税の節税スキーム ………………………………………	53
7	相続税節税スキームの完結編 ………………………………	54
8	調査対象企業の選定要因 ……………………………………	56
9	不正常習法人は調査官のターゲット ………………………	57
10	重点調査業種は不正常習業種と好況業種 …………………	58
11	個別ターゲット(1)「高収益法人」 …………………………	62
12	個別ターゲット(2)「重要資料」 ……………………………	63
13	個別ターゲット(3)「資料情報」 ……………………………	64
14	個別ターゲット(4)「同族グループ法人」 …………………	69
15	国税最後の砦「マルサ」 ……………………………………	71

第4章　総合調査からみた相続税の監査ポイント

1	相続税申告書の監査ポイント ………………………………	74
2	財産明細書の監査ポイント …………………………………	76
3	取引相場のない株式評価の監査ポイント(1) ………………	79
4	取引相場のない株式評価の監査ポイント(2) ………………	82
5	土地評価の監査ポイント(1) …………………………………	88
6	土地評価の監査ポイント(2) …………………………………	94
7	建物評価の監査ポイント ……………………………………	96
8	債務の監査ポイント …………………………………………	99
9	相続財産と相続人の預貯金 …………………………………	100
10	相続財産と法定調書 …………………………………………	102

第5章 総合調査からみた法人税の監査ポイント

1 相続税の法人税基準年度の監査ポイント …… 106
2 法人設立関係書類の監査ポイント …… 107
3 名義株の監査ポイント …… 109
4 決算書推移の監査ポイント …… 111
5 雑益・雑損失内訳書の監査ポイント …… 112
6 役員報酬手当等内訳書の監査ポイント …… 113
7 借入金・仮受金内訳書の監査ポイント …… 116
8 買掛金（未払金・未払費用）内訳書の監査ポイント …… 117
9 棚卸資産内訳書の監査ポイント …… 118

第6章 総合調査からみた所得税・贈与税等の監査ポイント

1 被相続人の所得税の監査ポイント(1)「生涯所得」 …… 120
2 被相続人の所得税の監査ポイント(2)「譲渡所得」 …… 121
3 被相続人の所得税の監査ポイント(3)「不動産所得」 …… 123
4 被相続人の所得税の監査ポイント(4)「事業所得」 …… 124
5 贈与税申告書の監査ポイント …… 126
6 創業者利得分散スキームの監査ポイント …… 128
7 トリプル課税の監査ポイント …… 130
8 消費税申告書・源泉所得税の監査ポイント …… 134

第7章 調査ノウハウからみた監査ポイント

1 監査ポイント(1)「不正のパターン」 …… 138

2	監査ポイント(2)　「3つの顔は同じ顔」	141
3	監査ポイント(3)　「木を見て森を見る」	142
4	監査ポイント(4)　「数量計算は魔法の杖」	143
5	監査ポイント(5)　「端緒は現場に」	144
6	監査ポイント(6)　「数字には2つの顔がある」	145
7	監査ポイント(7)　「B／S調査の基本」	146
8	監査ポイント(8)　「節税と脱税は紙一重」	148
9	監査ポイント(9)　「租税回避と実質課税も紙一重」	150

第8章　粉飾決算と監査ポイント

1	粉飾決算の本質	156
2	粉飾決算と税務調査	158
3	粉飾決算の監査ポイント	161
4	粉飾決算の是正と更正の請求	162
5	粉飾決算の是正は前期損益修正損	164

第9章　重加算税通達は企業の防波堤

1	重加算税の法的根拠	168
2	法人税の重加算税通達	172
3	相続税の重加算税通達	173
4	所得税の重加算税通達	174
5	更正の期間制限の延長	175
6	延滞税の免除特例期間の排除	176
7	延滞税率は異常な高金利	177

第10章 税務監査で添付書面が作成される

1	添付書面は税務監査証明書？	180
2	新書面添付通達と意見聴取	181
3	法人税申告書の分析と添付書面	182
4	事業概況書の分析と添付書面	183
5	雑益・雑損失等の内訳書と添付書面	185
6	役員報酬手当等の内訳書と添付書面	186
7	借入金・仮受金の内訳書と添付書面	187
8	買掛金（未払金・未払費用）の内訳書と添付書面	188
9	棚卸資産の内訳書と添付書面	189
10	相続税申告書と添付書面	190
11	相続税がかかる財産明細と添付書面	191
12	非上場株式の評価と添付書面	192
13	名義株・株式異動と添付書面	193
14	借地権控除と添付書面	194
15	債務明細書と添付書面	195

第11章 会計参与報告は税務監査で作成される

1	会計参与は内部（会計・税務）監査人	198
2	会計参与の行動指針（一般事項）	202
3	会計参与の行動指針（個別事項）	204
4	会計参与報告作成に当たっての行動指針	206
5	会計参与報告は税務監査で作成される	208

第12章 税理士の使命は税務監査で達成される

1 税理士法に税務監査業務の創設 ……………………………… 210
2 会社法に税務監査人の創設 …………………………………… 214

参 考

1 平成19事務年度 国税庁が達成すべき目標に対する実績の評価に関する実施計画 ……………………………………………… 218
2 法人税の重加算税通達 ………………………………………… 222
3 相続税及び贈与税の重加算税通達 …………………………… 227
4 所得税の重加算税通達 ………………………………………… 230
5 法人税の新書面添付通達 ……………………………………… 233
6 相続税の新書面添付通達 ……………………………………… 238
7 所得税の新書面添付通達 ……………………………………… 243
8 会計参与の行動指針 …………………………………………… 248
9 公認会計士の監査基準 ………………………………………… 262
10 「中小企業の会計指針」の適用に関するチェックリスト …… 269

◎あとがき

◆本書の内容は、平成20年3月1日現在の法令・通達によっています。

(11)

第1章

企業を守る税務監査

1 税務調査と税務監査は表裏一体

```
   税務調査              税務監査
事前審理で抽出した      申告書提出前に再チェック
問題点の確認作業        適正な申告を担保

            表 裏 一 体
事前審理で70%終了       問題点の事前解消
残り30%は確認作業       防波堤の構築
```

(1) 税務調査と税務監査は表裏一体

　税務調査から企業を守るためには、調査の本質を知り、「調査対象者の選定のポイント」を先取りした税務監査が必要です。その本質とは、税務調査の原点・法的根拠・選定手法・事前審理の手法・調査ノウハウ等々です。

　前書でもご説明しましたように、法人税や相続税の調査は、事前審理（準備調査）の段階でその70％以上が終了しています。相続税の申告書を基幹として、法人税の過去の調査事績や数年分の申告書・関係法人・関係個人の申告書・課税各部門の保有する資料情報等を一堂に集めて分析すれば、自然と答えが見えてきます。極論すれば、税務（総合）調査は事前審理の段階で抽出した問題点の確認作業（残りの30％）であり、調査着手時点においては、すでに問題点が把握されているのです。

　税務監査の目的は、申告書の提出前に税理士の目で申告書を再度チェックして、「適正な申告」を担保することです。また、調査で指摘されそうな事項は、関係書類を揃えて事前に準備し、いわば「防波堤」を構築しておくわけです。例えば、事業概況書の備考欄や添付書面に、検討した事柄を記載しておくことが効果的であると思われます。

(2) 税務調査と税務監査の違い

　申告書から見える「問題点」は、調査官も税理士も同じです。ただし、調査

官には徴税権を確保するために強力な質問調査権限が与えられていますが、税理士にはその調査権限がありません。その代わりに、税理士は税務書類の作成と付随業務としての財務書類の作成・会計帳簿の記帳の代行、その他財務に関する事務を行っており、企業の実態を一番身近で観察しています。また、代表者等からの節税相談も受けているわけですから、「過度の節税」に歯止めを掛けることができる唯一の立場ともいえるわけです。

■税務調査と税務監査の違い

	税務調査	税務監査
法的根拠	国税通則法第16・24条 法人税法第153・154条 所得税法第234条 相続税法第60条	税理士法第1条・ 　第2条1項2・3号 　第2条2項 　第33条の2
強制力	各税法の質問検査権には罰則規定がある。	なし
申告書の分析	事前審理の段階で税務調査は、70％終了している。	申告書を提出される前に、申告書から見える問題点がないか再度チェックして「適正な申告」を担保する。
資料情報	あり	本音の聞き取り
反面調査権限	あり	一見取引先や不審な取引には関係書類を事前にチェックする。
銀行調査権限	あり	反面調査権限を説明し、個人の預貯金等を事前にチェックする。
節税相談	なし	節税相談を受ける立場にあり過度の節税には歯止めを掛ける。
加算税	あり	なし

2 財務監査と税務監査

財務監査
公認会計士法第2条

税務監査
税理士法第33条の2

相違点は使命の違い

投資者及び債権者の保護
公認会計士法第1条

納税義務の適正な実現
税理士法第1条

(1) **財務監査と税務監査**

　財務監査と税務監査の違いは、公認会計士の使命と税理士の使命の違いから、歴然としています。

　公認会計士の使命は「投資者及び債権者の保護」であり、税理士の使命は「納税義務の適正な実現」です。また、公認会計士の業務は「財務書類の監査又は証明をすること」であり、付随業務として「財務書類の調製をし、財務に関する調査若しくは立案をし、又は財務に関する相談に応ずることを業とすること」です。一方、税理士の業務は「①税務代理、②税務書類の作成、③税務相談」であり、付随業務として、「財務書類の作成、会計帳簿の記帳の代行その他財務に関する事務を業として行うこと」です。

(2) **税務監査は税理士業務**

　税務監査を業務として行えるかというと、第2条の（業務）に明文化されているわけではありませんが、税理士法第33条の2（計算事項、審査事項等を記載した書面の添付）には「審査」という言葉が登場します。この第1項には、「当該申告書の作成に関し、計算し、整理し、又は相談に応じた事項を記載した書面を」また、第2項では「他人の作成したものにつき相談を受けてこれを審査した場合において、当該申告書が当該租税に関する法令の規定に従って作成されていると認めたときは、…（中略）…財務省令で定めるところにより記

載した書面を当該申告書に添付することができる」となっています。

　この「書面添付制度」を活用するには、業務チェックリストによる帳簿書類のチェック、つまり「税務監査」を実施しなければ作成できないわけですから、税理士法第2条の（業務）に入れられるべきであると思われます。

○公認会計士法

（公認会計士の使命）

第1条　公認会計士は、監査及び会計の専門家として、独立した立場において、財務書類その他の財務に関する情報の信頼性を確保することにより、会社等の公正な事業活動、投資者及び債権者の保護等を図り、もつて国民経済の健全な発展に寄与することを使命とする。

（公認会計士の業務）

第2条　公認会計士は、他人の求めに応じ報酬を得て、財務書類の監査又は証明をすることを業とする。

2　公認会計士は、前項に規定する業務の外、公認会計士の名称を用いて、他人の求めに応じ報酬を得て、財務書類の調製をし、財務に関する調査若しくは立案をし、又は財務に関する相談に応ずることを業とすることができる。但し、他の法律においてその業務を行うことが制限されている事項については、この限りでない。

○税理士法

（税理士の使命）

第1条　税理士は、税務に関する専門家として、独立した公正な立場において、申告納税制度の理念にそって、納税義務者の信頼にこたえ、租税に関する法令に規定された納税義務の適正な実現を図ることを使命とする。

（税理士の業務）

第2条　税理士は、他人の求めに応じ、租税に関し、次に掲げる事務を行うこと

を業とする。
　一　税務代理
　二　税務書類の作成
　三　税務相談（税務官公署に対する申告等、第一号に規定する主張若しくは陳述又は申告書等の作成に関し、租税の課税標準等の計算に関する事項について相談に応ずることをいう。）
2　税理士は、前項に規定する業務のほか、税理士の名称を用いて、他人の求めに応じ、税理士業務に付随して、財務書類の作成、会計帳簿の記帳の代行その他財務に関する事務を業として行うことができる。

○税理士法
（計算事項、審査事項等を記載した書面の添付）
第33条の2　税理士又は税理士法人は、…（中略）…租税の課税標準等を記載した申告書を作成したときは、当該申告書の作成に関し、計算し、整理し、又は相談に応じた事項を財務省令で定めるところにより記載した書面を当該申告書に添付することができる。
2　税理士又は税理士法人は、前項に規定する租税の課税標準等を記載した申告書で他人の作成したものにつき相談を受けてこれを審査した場合において、当該申告書が当該租税に関する法令の規定に従って作成されていると認めたときは、その審査した事項及び当該申告書が当該法令の規定に従って作成されている旨を財務省令で定めるところにより記載した書面を当該申告書に添付することができる。
3　税理士又は税理士法人が前2項の書面を作成したときは、当該書面の作成に係る税理士は、当該書面に税理士である旨その他財務省令で定める事項を付記して署名押印しなければならない。

(3)　税務監査の役割
　書面添付制度は、下記の衆議院大蔵委員会（昭和54年12月7日）で福田政府委員（後の国税庁長官）が簡潔に説明しています。
　また、その中で「税務監査という言葉でも結構だ」と答弁している箇所があ

ります。

○山田（芳）委員　次に、いまお話があった添付書類。書類を添付するということが制度化されているわけですが、その第2項、他人の作成をしたものについて審査をするという形が書かれておるわけですね。この点について、何か税理士の職務と若干違う税務監査といいますか、会計士が監査をするのと同じような形になる新しい要素を引き入れている。ある意味において税理士の業務の変質につながっているのではないかというふうにも見られるのですが、いまそういうお話がありましたが、その点についてちょっとお伺いをいたします。

○福田政府委員　いまのご質問、33条の2の第2項かと思いますが、これはまた前回の答申を引用いたしますが、税理士の地位向上の一環の問題であります。これの規定の趣旨は御存じのとおりで、税理士さんが自分でつくった申告書でなくて、たとえば会社の経理部でつくった申告書等がございます。しかし、それはそのまま税務署に提出されてくることもございますけれども、税理士さんのところで一回租税の法令に基づいておるかどうかをチェックしてもらう。そうしますと、書面添付ということになりまして、これは更正決定の前に御意見を聞くとかという慎重な手続になってくるわけです。したがいまして、そこで第1条の税務専門家という立場でその申告書が租税法令に基づいておるかということを、そのこと自体を審査されるという業務は、専門家の立場を非常に尊重し、地位が向上していく、税務監査という言葉でも私結構だと思うのですが、その申告書を自分がつくらなくても、人がつくった申告書であっても、専門家として目を通す、それをまた税務官署はそれなりに尊重するというのが、地位向上また納税者に対する援助の一つの進歩のあらわれであると思います。

　したがって、この規定は納税者にとりましても、特に税理士さんの今後の性格から見ても重要な規定であると考えています。どう今後運用されるか、できるだけ活用していただきたい、また税務官署もこれを尊重する態度をとるべきであろう、こう思っております。

○山田（芳）委員　そうしますと、いま言った税務監査的な性格と、第1条、

> 第2条に言うところの納税者のいわゆる代理を税理士はする概念というのは相対立する概念だ、このように思うのですが。
>
> ○福田政府委員　ご質問の点は、第2条の税務相談の範疇に法律的には入る問題であろうかと思います。

(4) 財務監査が求められる企業

　公認会計士の「財務監査」を求めている法律は、金融商品取引法（旧証券取引法）と会社法です。

　金融商品取引法では、「上場企業の貸借対照表、損益計算書その他財務に関する計算書類は、公認会計士や監査法人の監査証明を受けなければならない」（同法第193条の2）となっています。

　これらの財務諸表の虚偽記載には、罰則規定をもって正確性を担保しています（同法第197条第1項）。

　また会社法では、「資本金5億円以上又は負債総額200億円以上の大会社」（同法第2条6項）には、「会計監査人の設置」（同法第328条）を法定化し、「計算書類及びその附属明細書、臨時計算書類並びに連結計算書類の監査」と「会計監査報告書を作成」を義務付けています（同法第396条）。

> ○金融商品取引法
> 　以前は証券取引法という名称であったが、2006年の改正により、金融先物取引法などの投資商品に関する法律群をこの法律に統合し、それに伴い、名称が「金融商品取引法」に改題されることが決定し、2007年9月30日に施行された。
>
> （公認会計士又は監査法人による監査証明）
> 第193条の2　金融商品取引所に上場されている有価証券の発行会社その他の者で政令で定めるものが、この法律の規定により提出する貸借対照表、損益計算書その他の財務計算に関する書類で内閣府令で定めるものには、その者と特別の利害関係のない公認会計士又は監査法人の監査証明を受けなければならない。

ただし、監査証明を受けなくても公益又は投資者保護に欠けることがないものとして内閣府令で定めるところにより内閣総理大臣の承認を受けた場合は、この限りでない。
2 　金融商品取引所に上場されている有価証券の発行会社その他の者で政令で定めるものが、第24条の4の四の規定に基づき提出する内部統制報告書には、その者と特別の利害関係のない公認会計士又は監査法人の監査証明を受けなければならない。

（罰則）
第197条　次の各号のいずれかに該当する者は、10年以下の懲役若しくは1,000万円以下の罰金に処し、又はこれを併科する。
　一　第5条の規定による届出書類…（中略）…有価証券報告書若しくはその訂正報告書であつて、重要な事項につき虚偽の記載のあるものを提出した者

○会社法
（大会社における監査役会等の設置義務）
第328条　大会社（公開会社でないもの及び委員会設置会社を除く。）は、監査役会及び会計監査人を置かなければならない。
2 　公開会社でない大会社は、会計監査人を置かなければならない。

（定義）
第2条
　六　大会社　次に掲げる要件のいずれかに該当する株式会社をいう。
　　イ　最終事業年度に係る貸借対照表（第439条前段に規定する場合にあっては、同条の規定により定時株主総会に報告された貸借対照表をいい、株式会社の成立後最初の定時株主総会までの間においては、第435条第1項の貸借対照表をいう。ロにおいて同じ。）に資本金として計上した額が5億円以上であること。
　　ロ　最終事業年度に係る貸借対照表の負債の部に計上した額の合計額が200億円以上であること。

（会計監査人の権限等）

9

第396条　会計監査人は、次章の定めるところにより、株式会社の計算書類及びその附属明細書、臨時計算書類並びに連結計算書類を監査する。この場合において、会計監査人は、法務省令で定めるところにより、会計監査報告を作成しなければならない。
2　会計監査人は、いつでも、次に掲げるものの閲覧及び謄写をし、又は取締役及び会計参与並びに支配人その他の使用人に対し、会計に関する報告を求めることができる。
　一　会計帳簿又はこれに関する資料が書面をもって作成されているときは、当該書面
　二　会計帳簿又はこれに関する資料が電磁的記録をもって作成されているときは、当該電磁的記録に記録された事項を法務省令で定める方法により表示したもの
3　会計監査人は、その職務を行うため必要があるときは、会計監査人設置会社の子会社に対して会計に関する報告を求め、又は会計監査人設置会社若しくはその子会社の業務及び財産の状況の調査をすることができる。
4　前項の子会社は、正当な理由があるときは、同項の報告又は調査を拒むことができる。
5　会計監査人は、その職務を行うに当たっては、次のいずれかに該当する者を使用してはならない。
　一　第337条第3項第一号又は第二号に掲げる者
　二　会計監査人設置会社又はその子会社の取締役、会計参与、監査役若しくは執行役又は支配人その他の使用人である者
　三　会計監査人設置会社又はその子会社から公認会計士又は監査法人の業務以外の業務により継続的な報酬を受けている者

（過料に処すべき行為）
第976条　取締役、会計参与若しくはその職務を行うべき社員、監査役、執行役、会計監査人は、次のいずれかに該当する場合には、100万円以下の過料に処する。ただし、その行為について刑を科すべきときは、この限りでない。
　七　会計参与報告、監査報告、会計監査報告、決算報告(中略)虚偽の記載若しくは記録をしたとき。

第1章　企業を守る税務監査

3 中小企業と税務監査

> **会社法**　**計算書類の公告・虚偽記載**　**罰則規定**
> 第440条（計算書類の公示）　　　　第976条第1項2号・7号
> **計算書類の作成は税理士**　**責任は取締役**
> 会計帳簿、貸借対照表、損益計算書、決算報告等々
> 税理士の責任は、**税務監査⇒適正な申告を担保**

(1) 中小企業の実態

　全国で約283万社の法人（協同組合等を除く。）が設立されており、今後ますます増加していくものと予測しています。そのうち、資本金5億円以上の大会社はわずか9,517社です。その中で金融商品取引法の規制を受ける上場企業は、約4,000社です。

　また、上記以外の企業が中小企業ですが、資本金1,000万円以上5億円未満の法人数は、約122万社、資本金1,000万円未満の法人数は、約160万社です。

　会社法が制定されるまでは、資本金1,000万円以上が株式会社でした。そのうち有限会社・合名会社・合資会社等の法人数も約12万社含まれていますので、株式会社は、約110万社と推計されます（平成18年1月末現在国税庁統計資料より）。

(2) 株式会社の計算書類の公告義務

　会社法には、株式会社の計算書類の公告義務規定（同法第440条）があり、約110万社の株式会社に対しても、貸借対照表の公告を義務付けています。また、公告義務違反や貸借対照表の虚偽記載に対しては、取締役・会計参与・監査役・会計監査人等に対して、100万円以下の過料という厳しい罰則規定（同法第976条第1項二号及び七号）が設けられています。

　大半の中小企業は税理士に財務書類の作成を依頼していると思われますが、

罰則の対象者とはなっていません。依頼された税理士の責任としては、税務監査を実施して中小企業の会計に関する指針に基づく計算書類の作成が求められています。

> ○会社法
> （計算書類の公告）
> 第440条　株式会社は、法務省令で定めるところにより、定時株主総会の終結後遅滞なく、貸借対照表（大会社にあっては、貸借対照表及び損益計算書）を公告しなければならない。
> 2　前項の規定にかかわらず、その公告方法が第939条第1項第1号又は第2号に掲げる方法である株式会社は、前項に規定する貸借対照表の要旨を公告することで足りる。
> 3　前項の株式会社は、法務省令で定めるところにより、定時株主総会の終結後遅滞なく、第1項に規定する貸借対照表の内容である情報を、定時株主総会の終結の日後5年を経過する日までの間、継続して電磁的方法により不特定多数の者が提供を受けることができる状態に置く措置をとることができる。この場合においては、前2項の規定は、適用しない。
>
> （会社の公告方法）
> 第939条　会社は、公告方法として、次に掲げる方法のいずれかを定款で定めることができる。
> 　一　官報に掲載する方法
> 　二　時事に関する事項を掲載する日刊新聞紙に掲載する方法
> 　三　電子公告
> 4　第1項又は第2項の規定による定めがない会社又は外国会社の公告方法は、第1項第一号の方法とする。
>
> （過料に処すべき行為）
> 第976条　取締役、会計参与若しくはその職務を行うべき社員、監査役、執行役、会計監査人若しくはその職務を行うべき社員は、次のいずれかに該当する場合

には、100万円以下の過料に処する。

一　この法律の規定による登記をすることを怠ったとき。

二　この法律の規定による公告若しくは通知をすることを怠ったとき、又は不正の公告若しくは通知をしたとき。

三　この法律の規定による開示をすることを怠ったとき。

…（中略）…

七　議事録、財産目録、会計帳簿、貸借対照表、損益計算書、事業報告、事務報告、附属明細書、会計参与報告、監査報告、会計監査報告、決算報告等記録すべき事項を記載せず、若しくは記録せず、又は虚偽の記載若しくは記録をしたとき。

4 会計参与と税務監査

> **会計参与**
> 会社法第333条
>
> **目的は、計算書類の信頼確保**
> 会社法第432条…正確な会計帳簿の作成
>
> **税理士・公認会計士 ＝ 内部監査人の創設**
> 会社法第374条　会計参与の権限　375条　会計参与の報告義務
>
> **会計参与の行動指針は、税務監査マニュアル？**
> 調査官の行動パターンと同じ
>
> **税務調査の立会いは、役員として**
> 顧問以上に、適正な申告が求められる

(1) 会計参与制度の誕生

　平成17年7月26日、会社法に会計参与制度が新たに導入されました。目的は、「中小企業の計算書類の信頼性を確保するため」ですが、会社法において初めて「税理士」という職名が登場しました。

　会計参与という会社の役員の一員として、税理士が計算書類の作成に関し、取締役と同じ責任を負うことになりました。つまり会社に損害を与えた場合には、取締役と共同して損害を賠償する責任があります（会社法第423条第1項）。また、株主代表訴訟（会社法第847条）や公告義務のある貸借対照表の虚偽記載に対しても、罰則の対象となっています。

　会計参与の資格要件は、監査及び会計の専門家である公認会計士と税務の専門家である税理士です（会社法第333条）。

(2) 会計参与は「内部会計（税務）監査人」

　会計監査人と会計参与の法律上や立場の違いは歴然としていますが、会計監査人を費用面から設置できない中小企業の計算書類の信頼性を確保するために

導入された制度ですので、会計参与は内部会計（税務）監査人としての役割を担っています。

　会計参与は、(1)の損害賠償責任・株主代表者訴訟の対象になるだけでなく、取締役の不正行為や定款に違反する行為を把握した場合、会計監査人と同じように報告義務が設けられています（会社法第375条、第376条）。

(3)　会計参与行動指針は「税務監査マニュアル」？

　会計参与には、日本税理士会連合会や日本公認会計士協会等で作成された「中小企業の会計に関する指針」「会計参与の行動指針」に基づいた計算書類の作成と、法務省令に基づく会計参与報告の作成（会社法第374条）が求められています。筆者には会計参与の行動指針が「税務監査マニュアル」に映るのです。

　この行動指針では、会社法第374条第3項の規定により、税務調査の質問検査権を先取りする行動が求められています。税理士であれば日頃から行っている「取締役等に質問して確認する」行為が、同指針で初めて謳われたのです。また、会計帳簿に誤りがある場合には「訂正を求め、是正を確認する」とされており、正に「税務監査が公式認知された」という思いで会計参与の行動指針を見ているわけです。

(4)　会社の役員として税務調査に立ち会う

　会計参与は取締役と共同して計算書類を作成しているので、従来の税理士の立場とは大きく異なることになります。当然、同指針に示す税務監査を実施して、「適正な申告」を担保しておく必要があります。

○**会社法**
（会計参与の資格等）
第333条　会計参与は、公認会計士若しくは監査法人又は税理士若しくは税理士法人でなければならない。

（会計参与の権限）

第374条　会計参与は、取締役と共同して、計算書類及びその附属明細書、臨時計算書類並びに連結計算書類を作成する。この場合において、会計参与は、法務省令で定めるところにより、会計参与報告を作成しなければならない。

2　会計参与は、いつでも、次に掲げるものの閲覧及び謄写をし、又は取締役及び支配人その他の使用人に対して会計に関する報告を求めることができる。

　一　会計帳簿又はこれに関する資料が書面をもって作成されているときは、当該書面

3　会計参与は、その職務を行うため必要があるときは、会計参与設置会社の子会社に対して会計に関する報告を求め、又は会計参与設置会社若しくはその子会社の業務及び財産の状況の調査をすることができる。

（役員等の株式会社に対する損害賠償責任）

第423条　取締役、会計参与、監査役、執行役又は会計監査人（以下この節において「役員等」という。）は、その任務を怠ったときは、株式会社に対し、これによって生じた損害を賠償する責任を負う。

（会計帳簿の作成及び保存）

第432条　株式会社は、法務省令で定めるところにより、適時に、正確な会計帳簿を作成しなければならない。

2　株式会社は、会計帳簿の閉鎖の時から10年間、その会計帳簿及びその事業に関する重要な資料を保存しなければならない。

（会計の原則）

第431条　株式会社の会計は、一般に公正妥当と認められる企業会計の慣行に従うものとする。

（会計参与の報告義務）

第375条　会計参与は、その職務を行うに際して取締役の職務の執行に関し不正の行為又は法令若しくは定款に違反する重大な事実があることを発見したときは、遅滞なく、これを株主（監査役設置会社にあっては、監査役）に報告しな

ければならない。

（会計監査人の監査役に対する報告）
第397条　会計監査人は、その職務を行うに際して取締役の職務の執行に関し不正の行為又は法令若しくは定款に違反する重大な事実があることを発見したときは、遅滞なく、これを監査役に報告しなければならない。

5 税務監査は税務調査の防波堤

企業を守る税務監査
会社法第432条「正確な会計帳簿の作成義務」は、税理士にもある？

税務監査 ＋ **書面添付** ＝ **適正な申告書**
税理士法第33条の2による書面添付

意見聴取　疑問点の解消　**税務調査の防波堤**
税理士法第35条　国税庁書面添付制度事務運営指針

(1) 正確な会計帳簿の作成義務

　会社法第432条は、「株式会社は、法務省令で定めるところにより、適時に、正確な会計帳簿を作成しなければならない」と規定しています。

　税理士は会社から金銭出納簿等の帳簿書類を預かり、振替伝票を作成して、計算書類の作成から決算書・税務書類の作成をしています。言い換えれば、会社と共同で計算書類の作成を行っていることになります。では、会計参与が取締役と共同して作成する計算書類とどこが異なるのかというと、会計参与の行動指針に基づく「税務監査」が行われていないということになります。

(2) 税務監査の目的は適正な申告への担保

　適正な申告は決算書の正確さが前提であり、会社法が求める「計算書類の信頼確保」にも密接に連動しています。決算書が適正な申告であれば、税務調査を受けても否認されることはないのですが、税務官公署に対して申告書が適正であると宣言できる唯一の方法が、「書面添付制度」の活用です。長年の税務調査で数多くの法人税等の申告書等を見て、調査の選定ポイントを抽出してきた経験からくるものかもしれません。税理士会から「書面添付制度マニュアル」や「業務チェックリスト」が配布されていますが、少しニュアンスに違いがあるように感じます。

(3) 税務監査は税務調査の防波堤

「税務監査＋書面添付」は、「税務調査で指摘される可能性のある問題点を事前にチェックして、問題があれば是正する」＋「その結果を添付書面にする」ことです。この実践を、「税務監査は税務調査の防波堤」と表現しています。

(4) 意見聴取制度の創設

平成13年の税理士法の改正で、第35条第1項に「意見聴取制度」が新設され、添付書面がある申告書に対しては、事前通知をする場合には税理士に対する意見聴取が義務付けられました。この制度は、税務官公庁が税理士の専門家としての立場を尊重するとともに、調査の効率化のため、調査官の疑問点を解明することを目的として行われることになっています。この意見聴取の段階で疑問点が解消されれば、税務調査は回避されることになります。

○税理士法

（意見の聴取）

第35条　税務官公署の当該職員は、第33条の2第1項又は第2項に規定する書面（以下この項及び次項において「添付書面」という。）が添付されている申告書を提出した者について、当該申告書に係る租税に関しあらかじめその者に日時場所を通知してその帳簿書類を調査する場合において、当該租税に関し第30条の規定による書面を提出している税理士があるときは、当該通知をする前に、当該税理士に対し、当該添付書面に記載された事項に関し意見を述べる機会を与えなければならない。

○国税庁の新書面添付制度事務運営指針より抜粋（意見の聴取の内容）

　意見聴取は、税務の専門家としての立場を尊重して付与された税理士等の権利の一つとして位置付けられ、書面を添付した税理士が申告に当たって計算等を行った事項に関することや、実際の意見聴取に当たって生じた疑問点を解明することを目的として行われるものである。

第2章

税務調査の原点と法的根拠

1 税務調査の原点は税務運営方針

- **税務運営方針** 税務行政の基本
- **適正な課税の実現** 税務調査の原点
- ◎ **申告が適正でない納税者を的確に調査** 国税当局の「永遠のテーマ」

　税務調査の原点は、税務行政の基本である税務運営方針にあります。

〈税務運営方針〉
(1) 税務運営の基本的考え方
　租税は、国民が生活を営んでいく上で必要な公共的経費に充てるため、各自が負担するものである。

　税務行政の使命は、税法を適正に執行し、租税収入を円滑にすることにあるが、申告納税制度の下における税務行政運営の課題は、納税者のすべてがこのような租税の意義を認識し、適正な申告と納税を行うことにより、自主的に納税義務を遂行するようにすることである。税務運営においては、この課題の達成を究極の目標として、その基盤を着実に築き上げていくことを、その基本としなければならない。

○**適正な課税の実現に努力すること**
　国民の納税道義を高め、適正な自主申告と納税を期待するには、同じような立場にある納税者はすべて同じように適正に納税義務を果たすということの保証が必要である。このため、申告が適正でない納税者については、的確な調査を行って確実にその誤りを是正することに努め、特に悪質な脱税に対しては、厳正な措置をとるものとする。

(2) 事務運営に当たっての共通の重要事項
○調査と指導の一体化

　申告納税制度の下における税務調査の目的は、すべての納税者が自主的に適正な申告と納税を行うようにするための担保としての役割を果たすことにある。すなわち、適正でないと認められる申告については、充実した調査を行ってその誤りを確実に是正し、誠実な納税者との課税の公平を図らなければならない。

　更に、調査は、その調査によってその後は調査をしないでも自主的に適正な申告と納税が期待できるような指導的効果を持つものでなければならない。このためには、事実関係を正しく把握し、申告の誤りを是正することに努めるのはもちろんであるが、それにとどまることなく、調査内容を納税者が納得するように説明し、これを契機に納税者が税務知識を深め、更に進んで将来にわたり適正な申告と納税を続けるように指導していくことに努めなければならない。調査が非違事項の摘出に終始し、このような指導の理念を欠く場合には、納税者の税務に対する姿勢を正すことも、また、将来にわたって適正な自主申告を期待することも困難となり、納税者の不適正な申告、税務調査の必要という悪循環に陥る結果となるであろう。

2 税務運営方針が示す各税共通の調査対象者と資料収集

① 高額な者

② 悪質な脱漏所得を有すると認められる者

③ 好況業種等重点業種に属する者

④ 活用効果の高い資料の収集

　税務調査対象者の選定母体が、調査の重点化の項で、また、選定の抽出に役立つ資料収集も重点施策として謳われています。

(1) 調査の重点化
　限られた稼働量で最も効率的な事務運営を行うため、調査は納税者の質的要素を加味した上、高額な者から優先的に、また、悪質な脱漏所得を有すると認められる者及び好況業種等重点業種に属する者から優先的に行うこととする。
　このため、調査の件数、増差割合等にとらわれることなく、納税者の実態に応じた調査日数を配分するなど、機動的、弾力的業務管理を行うよう留意する。

(2) 調査方法等の改善
　税務調査は、その公益的必要性と納税者の私的利益の保護との衡量において社会通念上相当と認められる範囲内で、納税者の理解と協力を得て行うものであることに照らし、一般の調査においては、事前通知の励行に努め、また、現況調査は必要最小限度にとどめ、反面調査は客観的にみてやむを得ないと認められる場合に限って行うこととする。

(3) 有効な資料・情報の収集とその活用

　資料・情報は、調査対象の選定、調査ポイントの抽出などに役立つことにより、調査事務を効率化するとともに、各税事務を有機的に結び付け、調査の内容を充実するものであるので、その収集に当たっては、活用効果が特に大きいと認められるものに重点を置き、調査に当たっては、収集した資料・情報を十分活用することに努める。また、この趣旨を生かすよう、その事績についても、的確な管理を行う。

(4) 納税秩序の維持

　税務調査は、納税者相互間の負担の公平を図るため、国民からの信託を受けてこれを実施するものであり、すべての納税者は、本来その申告の適否について調査を受ける立場にある。したがって、各種の妨害行為をもって税務調査を阻む者に対しては、納税秩序を維持し、かつ、課税の適正を期するため、これらの妨害行為に屈することなく、的確な調査を行い、一般納税者との間に、不均衡が生ずることのないような特段の配意をする。

(5) 各事務系統の連携の強化

　直税各税の事務は、経済活動の高度化とともに、ますます密接な関連を持ってきていることに加え、部門制の採用による事務の専門化と統括官の増加により、直税事務を一体的に運営することの必要性がますます高くなってきている。したがって、事務の運営に当たっては、資料の効率的収集及び活用、同時調査、同行調査、連鎖調査の効果的な実施などにより、所得税,法人税及び資産税の各税事務が、有機的連携の下に行われるよう配意する。

3 税務運営方針が示す各税の調査対象者

- 所得税　高額所得者
- 法人税　大口、悪質な不正を行っている法人
　　　　　不正計算を繰り返している法人
- 資産税　脱漏所得の大きい者

〈各事務系統の重点事項〉

(1) **所得税関係**

　イ　調査は、事後調査を主体として実施するが、調査対象選定のための申告審理事務は、細かいものを省略して効率的な処理を図るなどの合理的運営に努める。

　　また、事後処理についても高額中心に行うとともに、適正申告を行う納税者を長期的に育成していく見地から運営する。

　ロ　営庶業所得者については、白色申告者と青色申告者の別及び所得者層の別に応じて適切な指導及び調査を行うこととし、白色申告者に対しては青色申告者より高い調査割合を確保するとともに、高額所得者を中心として調査内容の充実に努める。

(2) **法人税関係**

　イ　申告納税制度の下での法人税事務は、自主的に適正な申告を行う法人を着実に育成することを目標としなければならない。

　　このため、個々の法人の申告内容を的確に把握し、その内容に応じて質的な区分を行い、指導によって適正な申告が期待できる法人に対しては、きめ細かな指導を根気よく行うとともに、他方、大口、悪質な不正を行っ

ている法人又は不正計算を繰り返している法人に対しては、常に徹底した調査を行い、調査を通じてその是正を図るなど、その実態に即した指導又は調査を行う。
- ロ　法人の質的区分に応じた事務運営の体制は、年々の法人税事務の着実な積み重ねの上に初めて可能となるものであるから、法人に対する指導又は調査の際に把握したその人的構成、帳票組織、内部けん制の状況等の情報は、申告内容の検討結果とともに、その都度確実に記録保存し、法人の長期的管理に資することに努める
- ハ　法人数が年々増加し、取引が大型化かつ複雑化している現状において、法人の実態を的確に把握するためには、職員一人一人の創意工夫によって、事務処理の効率化を図る必要がある。

(3) 資産税関係

- イ　実地調査は、資産税の各税目を通じて脱漏税額の大きいと認められるものに重点を置き、各事案の内容に応じ必要かつ十分な調査日数を投下してこれを処理する。

  特に譲渡所得事案については、事務年度内の処理の完結にこだわることなく、他事務系統との連携調査等又は同行調査を積極的に展開するよう配意する。
- ニ　財産評価の適否は、相続税、贈与税の適正・公平な課税に極めて大きな影響を及ぼすものであるから、評価基準の作成に当たっては、その精度の向上に努め、評価基準の適用に当たっては、評価財産の個別事情に即応した的確な運用に配意する。

4 税務運営方針が示す調査・査察の重点調査目標

| 調査部所管法人 | 取引の実態を把握すること |
| 調査部の目標 | 大口、悪質な不正所得の発見 |
| 査察部 ⇒ 課税部門と連携 ⇒ 国税最後の砦 |
| 査察部の目標 | 真に社会的非難に値する悪質かつ大口な脱税の摘発 |

(1) **調査課事務運営の目標と重点事項**

　調査課所管法人及びその役職員は、わが国経済界を主導する重要な役割を果たしており、その社会的,経済的影響力は極めて大きく、それらの納税義務履行の動向が全納税者の納税道義に心理的効果を及ぼすという面からも、また、取引全体の公正明朗化を左右するという面からも、全納税者に与える影響は、極めて大きいといわなければならない。

　したがって、所管法人の実態を的確に把握し、その法人に対し適正な課税を行い、また、必要に応じ役職員の当該法人と関連のある所得についても実態を明らかにし、その正しい課税の実現に資することは、全納税者の納税道義を高めるという税務行政の究極の目標を達成するために不可欠の課題である。

○**不正所得等の把握**

　調査の基本目的は、取引の内容を解明してその実態を把握することにある。したがって、調査に当たっては、単なる期間損益の修正に意を用いすぎることなく、この目的に従って取引の実態を把握し、特に、大口、悪質な不正所得の発見に重点を置くこととする。

(2) 査察事務運営の目標と重点事項

　査察事務は、税務行政の一環として、悪質な脱税に対する刑事責任を追及して納税道義の高揚を図ることにより、申告納税制度の維持とその健全な発展に資することを目標としており、査察に期待される役割は今後ますます増大するものと考えられる。

　このため、査察事務の運営に当たっては、次の点を基本とする。

　イ　悪質、大口な脱税の摘発

　　査察事務の目的にかんがみ、真に社会的非難に値する悪質かつ大口な脱税の摘発に努めることとし、このため情報活動を一層充実し、情報源の新規開拓、情報技術の改善等を図って、査察対象の的確な選定を期する。

　ロ　申告水準向上への十分な寄与

　　査察事務は、一般の税務運営の動向に即し、税務全般的基盤に立って運営されるべきものであり、このため課税部門との緊密な連携の下に査察の効果が申告水準の向上に十分寄与するよう配意する。

　ハ　組織的、効率的な事務の推進

　　最近における脱税の広域化、手口の巧妙化に顧み、広域調査態勢の確立、調査技術の開発、向上等を図り組織的、効率的な運営に努める。

5 税務調査の法的根拠

- 質問検査権の目的　国税通則法 第16条
- 申告納税方式 ⇒ 原則申告することで確定
- 例外 ⇒ 調査の結果と異なる場合は更正

国税通則法第24条・25条・26条

法人税法　相続税法　所得税法　の　質問検査権
第153条　　第60条　　第234条
各税法の質問検査権限は、大きく異なる

(1) 国税通則法

　税務調査は、国家の歳入確保という非常に大きな役割を担っているため、調査官には強力な調査権限が付与されていますが、申告納税方式である国税の大半は、納税者の申告で確定することを原則としています。

　調査による更正は、租税法律主義といわれているように、その申告が法律の規定に従っていない場合にのみ適用されるのであり、例外規定となっています（国税通則法第16条第24条）。

○国税通則法（以下各条文とも抜粋表示）

（申告納税方式）

第16条　納付すべき税額が**納税者のする申告により確定することを原則**とし、その申告がない場合又はその申告に係る税額の計算が国税に関する法律の規定に従っていなかった場合その他当該税額が税務署長又は税関長の**調査したところと異なる場合に限り**、税務署長又は税関長の処分により確定する方式をいう。

> （更正）
> 第24条　その調査したところと異なるときは、その調査により、当該申告書に係る課税標準等又は税額等を更正する。

(1) 各税法の質問検査権

　各税法の質問検査権で共通することは、「調査に関し必要があるとき」「納税者に質問し」「検査することができる」と規定されています。しかし、対象帳簿書類に大きな違いがあります。法人税法では「その帳簿書類その他の物件」、相続税法では「財産若しくはその財産に関する帳簿書類その他の物件」、所得税法では「その者の事業に関する帳簿書類その他の物件」となっています。特に、法人税法の「その帳簿書類」と、所得税法の「その者の事業に関する帳簿書類」の違いを認識することが大切です。

　一方、相続税法の「財産若しくは財産に関する帳簿書類」は、非常に強力な調査権限がありますが、反面調査権限は質問権のみで、検査権が与えられていないのです。その代わりに相続税法第59条第2項において、債権債務の調書の提出を求めることができることになっています。

　また、法人税の反面調査権限（法第154条）では、対象物件が「その事業に関する帳簿書類」と制約されており、「事業に関する」が追加され、「その他の物件」が削除されています。所得税法では、本調査と反面調査権限に区別はありません。

> ○**法人税法の質問検査権**　法人税法　第153条 第154条
> ❶必要があるときは、❷法人に質問し、又は❸その帳簿書類❹その他の物件を❺検査することができる。
> 　（反面調査権限）　①必要があるときは、②権利があると認められる者に質問し、又は③その事業に関する帳簿書類を④検査することができる。
> ○**相続税法の質問検査権**　相続税法　第60条
> ❶必要があるときは、❷次の各号に掲げる者に質問し、又は❸第一号に掲げる

31

者の❹財産若しくは❺その財産に関する帳簿書類❻その他の物件を❼検査することができる。
一　納税義務者又は納税義務があると認められる者
二　前条の規定による調書を提出した者又はその調書を提出する義務があると認められる者

○所得税法の質問検査権　　所得税法　第234条
❶必要があるときは、次に掲げる者に❷質問し、又は❸その者の事業に関する帳簿書類❹その他の物件を❺検査することができる。

(3) 各税法の罰則規定

　納税者の調査妨害には、国家の歳入を確保する必要から罰則規定が設けられています。税務調査の質問検査権限が間接強制といわれるゆえんです。
　その調査権限は、「何れも犯罪捜査のために認められたものと解してはならない。」と規定されています。
　また、調査官にも知り得た秘密の漏洩には、厳しい罰則規定を設けています。

○犯罪捜査の禁止　　各税共通
　「犯罪捜査のために認められたものと解してはならない。」

○質問検査権妨害の罰則　　各税共通
　質問検査権の規定による当該職員の質問に対して答弁せず若しくは偽りの答弁をし、又はこれらの規定による検査を拒み、妨げ若しくは忌避した者は、「1年以下の懲役又は20万円以下の罰金」。

○税務調査官の守秘義務
　調査に関する事務に従事している者又は従事していた者が、その事務に関して知ることのできた秘密を漏らし、又は盗用したときは、これを2年以下の懲役又は30万円以下の罰金に処する。

○**国税通則法**

（国税についての納付すべき税額の確定の方式）

第16条　国税についての納付すべき税額の確定の手続については、次の各号に掲げるいずれかの方式によるものとし、これらの方式の内容は、当該各号に掲げるところによる。

一　申告納税方式　納付すべき税額が納税者のする申告により確定することを原則とし、その申告がない場合又はその申告に係る税額の計算が国税に関する法律の規定に従つていなかつた場合その他当該税額が税務署長又は税関長の調査したところと異なる場合に限り、税務署長又は税関長の処分により確定する方式をいう。

（更正）

第24条　税務署長は、納税申告書の提出があつた場合において、その納税申告書に記載された課税標準等又は税額等の計算が国税に関する法律の規定に従つていなかつたとき、その他当該課税標準等又は税額等がその調査したところと異なるときは、その調査により、当該申告書に係る課税標準等又は税額等を更正する。

（決定）

第25条　税務署長は、納税申告書を提出する義務があると認められる者が当該申告書を提出しなかった場合には、その調査により、当該申告書に係る課税標準等及び税額等を決定する。ただし、決定により納付すべき税額及び還付金の額に相当する税額が生じないときは、この限りでない。

○**法人税法**

（当該職員の質問検査権）

第153条　国税庁の当該職員又は法人の納税地の所轄税務署若しくは所轄国税局の当該職員は、法人税に関する調査について必要があるときは、法人（連結親法人の納税地の所轄税務署又は所轄国税局の当該職員がその連結親法人の各連結事業年度の連結所得に対する法人税に関する調査について必要があるときは、連結子法人を含む。）に質問し、又はその帳簿書類（その作成又は保存に代えて電磁的記録の作成又は保存がされている場合における当該電磁的記録を含む。以下この編及び第162条第三号において同じ。）その他の物件を検査することが

できる。
第154条　国税庁の当該職員又は法人の納税地の所轄税務署若しくは所轄国税局の当該職員は、法人税に関する調査について必要があるときは、法人に対し、金銭の支払若しくは物品の譲渡をする義務があると認められる者又は金銭の支払若しくは物品の譲渡を受ける権利があると認められる者に質問し、又はその事業に関する帳簿書類を検査することができる。
第156条　前3条の規定による質問又は検査の権限は、犯罪捜査のために認められたものと解してはならない。

○相続税法
（当該職員の質問検査権）
第60条　国税庁、国税局又は税務署の当該職員は、相続税若しくは贈与税に関する調査又は相続税若しくは贈与税の徴収について必要があるときは、次の各号に掲げる者に質問し、又は第一号に掲げる者の財産若しくはその財産に関する帳簿書類その他の物件を検査することができる。
一　納税義務者又は納税義務があると認められる者
二　前条の規定による調書を提出した者又はその調書を提出する義務があると認められる者
三　納税義務者又は納税義務があると認められる者に対し、債権若しくは債務を有していたと認められる者又は債権若しくは債務を有すると認められる者
四　納税義務者又は納税義務があると認められる者が株主若しくは出資者であつたと認められる法人又は株主若しくは出資者であると認められる法人
五　納税義務者又は納税義務があると認められる者に対し、財産を譲渡したと認められる者又は財産を譲渡する義務があると認められる者
六　納税義務者又は納税義務があると認められる者から、財産を譲り受けたと認められる者又は財産を譲り受ける権利があると認められる者
七　納税義務者又は納税義務があると認められる者の財産を保管したと認められる者又はその財産を保管すると認められる者
4　第1項及び第2項の規定による質問又は検査の権限は、犯罪捜査のために認められたものと解してはならない。

○相続税法

第59条　第2項（調書の提出）

　この法律の施行地に営業所又は事務所を有する法人は、相続税又は贈与税の納税義務者又は納税義務があると認められる者について税務署長の請求があった場合においては、これらの者の財産又は債務について当該請求に係る調書を作成して提出しなければならない。

○所得税法

（当該職員の質問検査権）

第234条　国税庁、国税局又は税務署の当該職員は、所得税に関する調査について必要があるときは、次に掲げる者に質問し、又はその者の事業に関する帳簿書類その他の物件を検査することができる。

一　納税義務がある者、納税義務があると認められる者

二　第225条第1項（支払調書）に規定する調書、第226条第1項から第3項まで（源泉徴収票）に規定する源泉徴収票又は第227条から第228条の3まで（信託に関する計算書等）に規定する計算書若しくは調書を提出する義務がある者

三　第一号に掲げる者に金銭若しくは物品の給付をする義務があつたと認められる者若しくは当該義務があると認められる者又は同号に掲げる者から金銭若しくは物品の給付を受ける権利があつたと認められる者若しくは当該権利があると認められる者

2　前項の規定による質問又は検査の権限は、犯罪捜査のために認められたものと解してはならない。

罰則規定

○法人税法

第162条　次の各号のいずれかに該当する者は、1年以下の懲役又は20万円以下の罰金に処する。

二　第153条又は154条第1項若しくは第2項（当該職員の質問検査権）の規定による当該職員の質問に対して答弁せず若しくは偽りの答弁をし、又はこれらの規定による検査を拒み、妨げ若しくは忌避した者

三　前号の検査に関し偽りの記載又は記録をした帳簿書類を提示した者

第163条　法人税の調査に関する事務に従事している者又は従事していた者が、その事務に関して知ることのできた秘密を漏らし、又は盗用したときは、これを2年以下の懲役又は30万円以下の罰金に処する。

○相続税法

第70条　次の各号のいずれかに該当する者は、1年以下の懲役又は20万円以下の罰金に処する。
　一　第59条の規定による調書を提出せず、又はその調書に虚偽の記載若しくは記録をして提出した者
　二　第60条第1項の規定による検査を拒み、妨げ、又は忌避した者
　三　前号の検査に関し虚偽の記載又は記録をした帳簿書類を提示した者
　四　第60条第1項の規定による質問に対し答弁をしない者
　五　前号の質問に対し虚偽の答弁をした者

第72条　相続税又は贈与税に関する調査に関する事務に従事している者又は従事していた者が、その事務に関して知ることのできた秘密を漏らし、又は盗用したときは、これを2年以下の懲役又は30万円以下の罰金に処する。

○所得税法

第242条　次の各号のいずれかに該当する者は、1年以下の懲役又は20万円以下の罰金に処する。
　九　第234条第1項（当該職員の質問検査権）の規定による当該職員の質問に対して答弁せず若しくは偽りの答弁をし、又は同項の規定による検査を拒み、妨げ若しくは忌避した者
　十　前号の検査に関し偽りの記載又は記録をした帳簿書類を提示した者

第243条　所得税に関する調査に関する事務に従事している者又は従事していた者が、その事務に関して知ることのできた秘密を漏らし、又は盗用したときは、これを2年以下の懲役又は30万円以下の罰金に処する。

6 強制調査の法的根拠

```
偽りその他不正の行為    ≠    仮装隠ぺい行為
 各税法の罰則規定              国税通則法第68条（重加算税）

法人税法第159条・相法第168条・所法第238条違反

     国犯法の質問検査権とは
     国税犯則法第1条（任意調査）　第2条（強制調査）
```

　マルサの質問検査権は、各税法の質問検査権ではなく、国税犯則取締法です。その根拠は各税法の罰則規定に基づいています。

　法人税法を例にとると、第159条に「偽りその他不正の行為により、法人税を免れた場合には、法人の代表者、代理人、その他の従業者でその違反行為をした者は、5年以下の懲役若しくは500万円以下の罰金に処し又はこれを併科する。前項の免れた法人税の額が500万円を超えるときは、情状により、同項の罰金は、500万円を超えその免れた法人税の額又は還付を受けた法人税の額に相当する金額以下とすることができる。」と規定されています。この刑事罰を調査する権限が与えられているのが、国税局査察部に所属する「査察官」といわれる収税官吏です。

　各税法の質問検査権と類似しているのが、国税犯則取締法第1条です。同条には、「犯則事件ヲ調査スル為❶必要アルトキハ犯則嫌疑者若ハ参考人ニ対シ❷質問シ、犯則嫌疑者ノ所持スル物件、❸帳簿、書類等ヲ❹検査シ任意ニ提出シタル物ヲ❹領置スルコトヲ得」と規定されており、各税法の質問検査権と異なる部分は、❹の領置権限が与えられています。

　第2条は、強制捜査権限であり、裁判官より臨検・捜索・差押許可状（捜索令状）を取得して捜索に望んでいます。同条には「❶必要アルトキハ其ノ所属官署ノ所在地ヲ管轄スル地方裁判所又ハ簡易裁判所ノ❷裁判官ノ許可ヲ得テ❸臨検、❹捜索又ハ❺差押ヲ為スコトヲ得」と規定されており、まさに犯罪捜査

そのものです。

○**法人税法**（罰則）

第159条　偽りその他不正の行為により、第74条第1項第二号（確定申告に係る法人税額）に規定する法人税の額につき法人税を免れ、又は第80条第6項（欠損金の繰戻しによる還付）、の規定による法人税の還付を受けた場合には、法人の代表者、代理人、使用人その他の従業者でその違反行為をした者は、5年以下の懲役若しくは500万円以下の罰金に処し、又はこれを併科する。

2　前項の免れた法人税の額又は同項の還付を受けた法人税の額が500万円を超えるときは、情状により、同項の罰金は、500万円を超えその免れた法人税の額又は還付を受けた法人税の額に相当する金額以下とすることができる。

○**相続税法**（罰則）

第68条　偽りその他不正の行為により相続税又は贈与税を免れた者は、5年以下の懲役若しくは500万円以下の罰金に処し、又はこれを併科する。

2　前項の免れた相続税額又は贈与税額が500万円を超えるときは、情状により、同項の罰金は、500万円を超えその免れた相続税額又は贈与税額に相当する金額以下とすることができる。

○**所得税法**（罰則）

第238条　偽りその他不正の行為により、第120条第1項第三号（確定所得申告に係る所得税額）に規定する所得税の額につき所得税を免れ、又は第142条第2項（純損失の繰戻しによる還付）の規定による所得税の還付を受けた者は、5年以下の懲役若しくは500万円以下の罰金に処し、又はこれを併科する。

2　前項の免れた所得税の額又は同項の還付を受けた所得税の額が500万円をこえるときは、情状により、同項の罰金は、500万円をこえその免れた所得税の額又は還付を受けた所得税の額に相当する金額以下とすることができる。

○**国税犯則取締法**

第1条　収税官吏ハ国税ニ関スル犯則事件（以下犯則事件ト称ス）ヲ調査スル為

必要アルトキハ犯則嫌疑者若ハ参考人ニ対シ質問シ、犯則嫌疑者ノ所持スル物件、帳簿、書類等ヲ検査シ又ハ此等ノ者ニ於テ任意ニ提出シタル物ヲ領置スルコトヲ得
2　収税官吏ハ犯則事件ヲ調査スル為必要アルトキハ参考人ノ所持スル物件、帳簿、書類等ヲ検査スルコトヲ得

第2条　収税官吏ハ犯則事件ヲ調査スル為必要アルトキハ其ノ所属官署ノ所在地ヲ管轄スル地方裁判所又ハ簡易裁判所ノ裁判官ノ許可ヲ得テ臨検、捜索又ハ差押ヲ為スコトヲ得
3　収税官吏第一項又ハ前項ノ許可ヲ請求セントスルトキハ其ノ理由ヲ明示シテ之ヲ為スヘシ
4　前項ノ請求アリタルトキハ地方裁判所又ハ簡易裁判所ノ裁判官ハ臨検スヘキ場所、捜索スヘキ身体又ハ物件、差押ヲ為スヘキ物件、請求者ノ官職氏名、有効期間及裁判所名ヲ記載シ自己ノ記名捺印シタル許可状ヲ収税官吏ニ交付スヘシ此ノ場合ニ於テ犯則嫌疑者ノ氏名及犯則事実明カナルトキハ裁判官ハ此等ノ事項ヲモ記載スヘシ
5　収税官吏ハ前項ノ許可状ヲ他ノ収税官吏ニ交付シテ臨検、捜索又ハ差押ヲ為サシムルコトヲ得

第3条ノ2　収税官吏臨検、捜索又ハ差押ヲ為スニ当リ必要アルトキハ錠ヲ外シ戸扉又ハ封ヲ開ク等ノ処分ヲ為スコトヲ得

第4条　収税官吏質問、検査、領置、臨検、捜索又ハ差押ヲ為ストキハ其ノ身分ヲ証明スヘキ証票ヲ携帯スヘシ

第5条　収税官吏臨検、捜索又ハ差押ヲ為スニ当リ必要ナルトキハ警察官ノ援助ヲ求ムルコトヲ得

第6条　収税官吏捜索ヲ為ストキハ捜索スヘキ家宅、倉庫、船車其ノ他ノ場所ノ所有主、借主、管理者、事務員又ハ同居ノ親族、雇人、鄰佑ニシテ成年ニ達シタル者ヲシテ立会ハシムヘシ

2　前項ニ掲クル者其ノ地ニ在ラサルトキ又ハ立会ヲ拒ミタルトキハ其ノ地ノ警察官又ハ市町村長ノ補助機関タル職員ヲシテ立会ハシムヘシ

3　女子ノ身体ノ捜索ニ付テハ成年ノ女子ヲシテ立会ハシムベシ但シ急速ヲ要スル場合ハ此ノ限ニ在ラズ

第7条　収税官吏物件、帳簿、書類等ヲ差押ヘタルトキ又ハ領置シタルトキハ其ノ差押目録又ハ領置目録ヲ作ルヘシ但シ所有者又ハ所持者ハ其ノ差押目録又ハ領置目録ノ謄本ヲ請求スルコトヲ得

第8条　収税官吏ハ日没ヨリ日出マテノ間臨検、捜索又ハ差押ヲ為スコトヲ得ス但シ第三条ノ規定ニ依ル処分ヲ為ス場合ハ此ノ限ニ在ラズ

2　日没前ヨリ開始シタル臨検、捜索又ハ差押ニシテ必要アル場合ハ日没後迄之ヲ継続スルコトヲ得

3　収税官吏ハ政令ヲ以テ定ムル国税ニ付テハ旅店、飲食店其ノ他夜間ト雖モ公衆ノ出入スルコトヲ得ヘキ場所ニ於テハ其ノ公開シタル時間内ハ第一項ニ規定スル制限ニ拘ラズ臨検、捜索又ハ差押ヲ為スコトヲ得

第9条　収税官吏質問、検査、領置、臨検、捜索又ハ差押ヲ為ス間ハ何人ニ限ラズ許可ヲ得スシテ其ノ場所ニ出入スルヲ禁スルコトヲ得

第10条　収税官吏質問、検査、領置、臨検、捜索又ハ差押ヲ為シタルトキハ其ノ顛末ヲ記載シ立会人又ハ質問ヲ受ケタル者ニ示シ共ニ署名捺印スヘシ立会人又ハ質問ヲ受ケタル者署名捺印セス又ハ署名捺印スルコト能ハサルトキハ其ノ旨ヲ附記スヘシ

第12条ノ2　収税官吏ハ間接国税以外ノ国税ニ関スル犯則事件ノ調査ニ依リ犯則アリト思料スルトキハ告発ノ手続ヲ為スヘシ

第18条　犯則事件ヲ告発シタル場合ニ於テ差押物件又ハ領置物件アルトキハ差押目録又ハ領置目録ト共ニ検察官ニ引継クヘシ

2　前項ノ差押物件又ハ領置物件所有者、所持者又ハ官公署ノ保管ニ係ルトキハ

保管証ヲ以テ引継ヲ為シ差押物件又ハ領置物件引継ノ旨ヲ保管者ニ通知スヘシ
3　第1項ノ規定ニ依リ差押物件又ハ領置物件ノ引継アリタルトキハ当該物件ハ検察官ガ刑事訴訟法ノ規定ニ依リ押収シタル物トス

第22条　国税ノ納税義務者ノ為スヘキ国税ノ課税標準ノ申告（当該申告ノ修正ヲ含ム以下申告ト称ス）ヲ為ササルコト若ハ虚偽ノ申告ヲ為スコト又ハ国税ノ徴収若ハ納付ヲ為ササルコトヲ煽動シタル者ハ三年以下ノ懲役又ハ20万円以下ノ罰金ニ処ス
2　国税ノ納税義務者ノ為スヘキ申告ヲ為ササラシメ若ハ虚偽ノ申告ヲ為サシメ又ハ国税ノ徴収若ハ納付ヲ為ササラシムル目的ヲ以テ暴行又ハ脅迫ヲ加ヘタル者亦同シ

第3章

税務調査対象者の的確な選定

1 総合調査は究極の税務調査

個人事案 ＋ 資産事案 ＋ 法人事案 ＝ 総合調査
全税目横断的な調査（複数税目に問題の伏在する事案）

究極の税務調査の誕生
相続税と所得税・法人税は表裏一体

(1) 新たな選定手法の開発

　総合調査において相続税を基幹とすれば、複数税目に問題が伏在する納税者が、容易に見えてきました。その理由は、相続税と所得税・法人税は表裏一体の関係にあり、相続税の申告書を貸借対照表（B/S）とすれば、個人の申告書や法人税の申告書が損益計算書（P/L）という発想が生まれたのです。

　また、資産課税部門が保有する相続税申告書や資料情報が、総合調査部門にとっては、「情報の宝庫」に見えたのです。

(2) 縦割り税務調査の弊害の排除と新たな調査手法の開発

　相続税と所得税・法人税が表裏一体の関係にあるにもかかわらず、その関係を阻害する一大要因が横たわっていました。それは株価評価や土地・建物の財産評価通達です。経済取引の大原則である「一物一価」を排除して「一物万価」を公認しているため、相続税節税本による「過度の節税」を促進しているのです。

　これらの「過度の節税」に歯止めが掛けられる唯一の税務調査が、全税目を同時に調査する総合調査でした。特に、相続税の財産確定（非上場株式の評価）には、名義株や相続税の株価基準年度の法人税の調査が必要不可欠です。その調査を可能にしたのが総合調査であり、究極の税務調査の誕生でした。

第3章　税務調査対象者の的確な選定

2 総合調査の選定手順例

調査対象者の絞り込み　　相続財産は貸借対照表

〈総合調査の選定手順例〉　　　（☆税務監査のチェック表①）

①	オーナー一族に相続税や個人の申告がある	→YES	↓（相続税や個人の申告書・資料情報等の分析）
	↓NO		☆相続税の申告書と個人の申告書チェック
②	過去の調査において、不正があった	→YES	↓（過去の調査事績の分析）
	↓NO		☆前回指摘事項の改善確認
③	不正常習・好況業種である	→YES	↓（同業他社の比率と比較検討）
	↓NO		☆国税庁発表の不正業種をチェック
④	高収益法人である	→YES	↓（月別売上総利益や月別推計在庫の分析）
	↓NO		☆事業概況書の事前チェック
⑤	資料情報がある	→YES	↓（資料情報の分析）
	↓NO		
⑥	関係法人との取引がある	→YES	↓（関係法人の申告書・資料情報等の分析）
	↓NO		↓☆関係法人との取引内容を再度チェック
			全税目の観点から入念な事前審理
			↓☆先生方の目で申告書を提出前に再チェック
			↓☆問題があれば、事前に是正
	不正想定図を描ける	⇒⇒ YES ⇒⇒	実地調査
	↓NO		☆意見聴取時の準備　申告是認の獲得
	簡易な検討　→　→		調査省略（簡易な接触）
申告審理で是正必要			TELによる修正申告の慫慂等

3 総合調査の基幹は相続税？

> 相続税は、所得税・法人税と表裏一体
> 相続税の申告書は、貸借対照表
> 相続税の調査効率は、異常に高い
> 日本の個人の金融資産は1,541兆円　平成18年末
> 富裕層・超富裕層所有　213兆円　野村総研2005年
> 相続税の金融資産総額4.1兆円　平成18年度
> 申告割合は1.9％？　約50年　日本人の平均寿命110歳？

(1) 相続税申告書は、貸借対照表

　相続税は、所得税・法人税と表裏一体の関係にあります。相続税申告書の相続財産は、大きく分けて、

① 親からの相続財産（土地・建物等の不動産・書画骨董品）
② 被相続人の生前に得た収入から形成された財産（現金・預貯金・有価証券等の金融資産・土地建物等）
③ 被相続人が経営してきた法人の内部留保金から形成された財産（関係会社の非上場株式の評価額）

の3つに分類することができます。
　問題は②と③です。②は、個人の所得税の申告からの検証が必要ですし、③は関係法人の株価評価ですが、法人税の調査結果により大きく変動する要素を持っています。
　一方、税務署の調査効率では、相続税が異常に高い数値を示しています。大半は税理士の関与先と推測されますが、調査結果においては、下記のとおり異

常に高い申告漏れ所得が把握されています。

この原因は、法定調書や相続税法第59条第2項の説明不足と、過度の節税対策も原因の一つと考えられます。

■国税庁記者発表の税目別　調査効率

	18年度調査件数	接触割合	1件当たり申告漏れ所得	1件当たり追徴本税額
所　得　税	63,115件	3.3%	845万円	157万円
相　続　税	14,061件	31.1%	3,380万円	779万円
法人税（署所管）	147,000件	5.3%	1,165万円	299万円
法人税（局所管）	4,716件	13.9%	19,091万円	5,015万円

(2) 日本の個人の金融資産と相続税の申告総額

日銀は、2005年度末の個人の金融資産を1,424兆円、その内訳は、現金44兆円、預貯金744兆円、有価証券190兆円、保険・年金準備金376兆円、その他69兆円、また、個人の負債総額も、385兆円と発表しています。

野村総合研究所は、上記金融資産の分析をして1億円以上の富裕層・超富裕層の世帯数は、86万5,000世帯、保有する金額を213兆円と推定しています。

一方、国税庁の平成18年度の相続税の申告総額は11兆3,928億円です。そのうちに占める金融資産は4兆1,437億円、その他を含めても5兆3,705億円です。野村総研発表の日本の富裕層213兆円から見ると、相続税の申告割合はわずか1.9%、その他を含めても2.5%となっています。

■相続税の申告事績及び調査事績（平成18事務年度分）
　○相続財産額の種類別内訳（構成比）（億円、%）　　　　（国税庁記者発表）

種類	土地	家屋	有価証券	現金・預貯金等	その他	合計
財産額（構成比）	54,474 (47.8)	5,749 (5.0)	17,962 (15.8)	23,475 (20.6)	12,268 (10.8)	112,928 (100.0)

○調査に基づく申告漏れ相続財産額の種類別内訳（構成比）　　　（億円、％）

種類	土地	家屋	有価証券	現金・預貯金等	その他	合計
財産額 (構成比)	674 (16.7)	73 (1.8)	848 (21.0)	1,440 (35.8)	1,009 (24.9)	4,044 (100.0)

（参考）野村総合研究所　NEWS RELEASE

「2010年、日本の未来を提案します。」

2005年の富裕層マーケットは81.3万世帯、167兆円
～純金融資産の保有額別に各階層のマーケット規模を推計～

2006年9月5日
株式会社野村総合研究所

　株式会社野村総合研究所（本社：東京都千代田区、社長：藤沼彰久、以下「NRI」）は、2005年の金融資産保有額別のマーケット規模を推計しました。預貯金、株式、投資信託、債券、一時払い生命・年金保険などの純金融資産の保有額（負債を差し引く）によって、「超富裕層」「富裕層」「準富裕層」「アッパーマス層」「マス層」に分類して推計した結果、金融資産1億円以上5億円未満の富裕層マーケットの規模は、2005年時点で81.3万世帯、167兆円でした（図1）。

【純金融資産の保有額別マーケット規模の推計（2005年）】

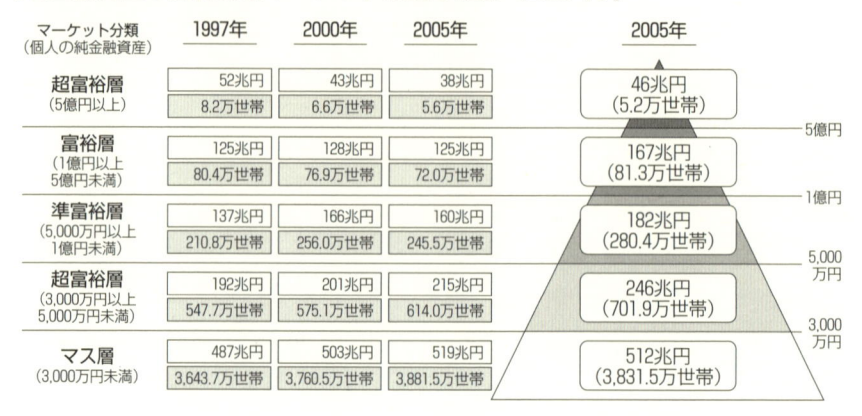

マーケット分類 （個人の純金融資産）	1997年	2000年	2005年	2005年	
超富裕層 (5億円以上)	52兆円 8.2万世帯	43兆円 6.6万世帯	38兆円 5.6万世帯	46兆円 (5.2万世帯)	5億円
富裕層 (1億円以上 5億円未満)	125兆円 80.4万世帯	128兆円 76.9万世帯	125兆円 72.0万世帯	167兆円 (81.3万世帯)	1億円
準富裕層 (5,000万円以上 1億円未満)	137兆円 210.8万世帯	166兆円 256.0万世帯	160兆円 245.5万世帯	182兆円 (280.4万世帯)	5,000万円
超富裕層 (3,000万円以上 5,000万円未満)	192兆円 547.7万世帯	201兆円 575.1万世帯	215兆円 614.0万世帯	246兆円 (701.9万世帯)	3,000万円
マス層 (3,000万円未満)	487兆円 3,643.7万世帯	503兆円 3,760.5万世帯	519兆円 3,881.5万世帯	512兆円 (3,831.5万世帯)	

第 3 章　税務調査対象者の的確な選定

※各分類の上段は金融資産額、下段は世帯数
※国税庁「国税庁統計年報書」(2004年)、総務省「人口推計」(2004年)、総務省「全国消費実態調査」(2004年)、およびNRI「生活者1万人アンケート調査」(2003年) よりNRI推計
※1997年、2000年、2003年の数値は、2004年の推計

　また、NRIが2006年3月に実施したアンケート調査 (東京、千葉、埼玉、神奈川在住の高額納税者名簿掲載者から作られたパネル300名を対象。有効回答率55.3%) から、富裕層の資産ポートフォリオは、株や投資信託などのリスク性資産の割合が高いという特徴があることがわかりました。預貯金以外をリスク性資産と定義すると、富裕層の金融資産のうち67%を占めます。資産階層別に見ると、金融資産が多いほどリスク性資産の割合が高くなっています。

　世代別に見ると、リスク性資産の割合は、団塊世代以降の「新世代富裕層」(2006年時点で59歳以下) で61%、「旧世代富裕層」(同60歳以上) では70%で、旧世代富裕層のほうが高くなっています。一方で、リスク性資産の内訳を比較してみると、新世代富裕層のほうが、ヘッジファンド、商品ファンド、仕組み債など「オルタナティブ商品」の割合が高く、比較的新しい商品を好んで保有していることがわかっています (ご参考：図2)。つまり、新世代富裕層は、「預貯金が中心」のタイプと「リスク性資産に分散する」タイプに二極化していると推測できます。「預貯金が中心」のタイプでも、リタイアして資産運用を考える時間が取れるようになれば、今後「リスク性資産に分散する」対応へと変わる可能性は十分に考えられるとNRIでは見ています。

　2007年から本格化する団塊世代の定年退職と、少子高齢化を背景とした遺産相続の増加により、今後しばらくは、団塊世代を中心に富裕層マーケットが緩やかに拡大していくとNRIでは見ています。したがって、金融機関は、団塊世代以降の「新世代富裕層」に対応した富裕層向けサービスを開発していく必要があり、そのためには、「新世代富裕層」の資産運用に対する価値観を正しく把握することがポイントになると考えています。

　今回の推計や、富裕層に対するアンケート、およびインタビュー結果を踏まえ、NRIは、富裕層マーケットに関する分析と提言を、単行本「新世代富裕層の『研究』」として、東洋経済新報社より10月6日に発売する予定です。NRIでは、今後も、金融マーケットの動向を分析し、金融機関のビジネスのあり方を示唆していきます。

49

また、日銀が発表した資金循環統計（速報値）によれば、2006年末の個人（家計部門）の金融資産残高は1,541兆円（前年比1.0％増）となり、過去最高を更新しています。このことについて民間シンクタンクは、他の先進国に比べて預貯金の比率が高いことと、個人金融資産の保有者を年齢別に見ると60歳以上の人の保有割合が近年大きくなっていることが特徴であると分析しています。

■個人金融資産（残高内訳）　第一生命経済研究所

(単位：兆円、％)

	金融取引表（フロー）2006年10月～12月		調整表（価格変化）2006年10月～12月		金融資産・負債残高表（ストック）2006年12月末					
	資産	負債	資産	負債	資産	前年比	占有	負債	前年比	占有
現金・預金	11.6				778.6	−0.5	50.5			
現金・流動性預金	10.5				273.0	2.5	17.7			
定期性預金	1.2				501.2	−2.0	32.5			
貸出		−0.6		−0.1				327.1	−0.6	21.2
民間金融機関貸出金		0.2		−0.1				262.2	1.3	17.0
公的金融機関貸出金		−0.8		0.0				57.3	−7.8	3.7
株式以外の証券	3.8		2.8		108.7	18.4	7.1			
国債・金融債・事業債	0.3		0.0		37.0	8.6	2.4			
投資信託受益証券	3.7		2.8		66.2	29.5	4.3			
信託受益権	−0.2				5.4	−16.5	0.4			
株式・出資金	−2.2		7.5		183.4	−4.1	11.9			
うち株式	−2.2		4.4		108.8	−5.2	7.1			
金融派生商品	0.0	0.0	0.0	0.1	0.1	0.1	0.0	0.2	−6.7	0.0
保険・年金準備金	2.6		−0.3		399.3	2.8	25.9			
保険準備金	−0.5				229.7	−1.0	14.9			
年金準備金	3.2		−0.3		169.7	8.5	11.0			
その他	1.3	0.8	0.5	−0.2	70.7	−1.0	4.6	65.2	7.0	4.2
金融資産・負債差額		16.8		10.7				1,148.4	1.1	74.5
合計	17.0	17.0	10.5	10.5	1,540.8	1.0	100.0	1,540.8	1.0	100.0

(出所)日本銀行「資金循環勘定」

4 生涯所得と相続財産

申告所得 － 税金・生活費 ＝ 可処分所得

可処分所得 ×年数＝ 相続財産

　相続財産の大部分は、被相続人の生前中の収入から形成されています。言い換えれば、個人の過去の申告所得の積み重ねが相続財産であるといっても過言ではありません。したがって、被相続人の過年度の確定申告書により、事業・不動産・給与・利子・配当・一時・雑・譲渡・退職給与等からの可処分所得が、相続財産（金融資産等）に反映されていくことになります。過去に土地や株式等の多額の譲渡があって高額の申告がされていた場合、その譲渡代金が相続財産に表現されていなければ、調査の選定ポイントになります。

　例えば、「相続税の金融資産の計上は5,000万円、個人の確定申告書によれば、死亡の3年前に2億円の土地・有価証券の譲渡があった」とすると、税金等を考慮しても約1億円が雲隠れしてしまっています。この雲隠れした1億円の解明が、選定ポイントです。

　調査では、譲渡時点からの資金の流れの解明を目的として展開されます。相続税の申告がある場合は、相続税法第59条第2項の規定により、預貯金や有価証券の残高や推移が照会されています。このため、被相続人や相続人の預貯金が調査官の掌中にあります。

　また、被相続人の預貯金の減少と相続人の預貯金の増加が連動していれば、調査対象の重要な選定ポイントとなります。さらに調査官は、相続人の確定申告書の情報も当然把握しているので、被相続人・相続人双方の所得金額と、把握している預貯金と照合して、問題点の有無を検討します。

　このように、相続税の調査対象者は、見えている答えから選定されています。調査効率の高い要因もここにあるのではないかと推測しています。

5 法人所得と相続財産

> 自社株評価額は、法人所得の積み重ね
>
> 差引翌期首利益積立金額＋資本金＝帳簿評価額Ａ
> （法人税申告書　別表五（一）31欄の⑤＋資本金）
>
> 帳簿評価額Ａ÷発行株式数×持株数＝自社株評価額
>
> 自社株評価額と有価証券評価額の開差が問題点

　相続財産のもう一つの大きなものは自社株評価額です。個人所得の積み重ねが相続財産になるのと同様に、会社経営者にとっては、法人所得の積み重ねも相続財産になります。それが有価証券としての自社株評価額です。

　常識的には、上記の金額に土地や有価証券等の含み損益を加減算すれば、自社株の適正評価額になります。財産評価通達の純資産評価額は、この帳簿評価額と近似値です。

　しかし、類似業種比準価額や配当還元方式による評価額は、全くかけ離れた数字も適正な評価額としており、極端な例では、50倍以上の開差が生じるケースもあります。相続税の節税スキームは、この仕組みを利用することを勧めているのですが、相続税法の調査権限ではこれらの節税対策が適正かどうかを確認できません。その理由は、法的根拠で述べたように、相続税法の反面調査権限に検査権が付与されていないからです。総合調査導入後は同時調査が可能となり、上記帳簿自社株評価額と相続財産の有価証券評価額の開差が大きいほど、有効な選定ポイントになります。

　優良企業のオーナー株主にとって、換金性のない自社株評価が、相続税の負担を過酷に増加させるのも事実です。事業承継の税制面から考えるならば、純資産評価額を基礎として、5割を差し引くなどと規定するだけで、過度の節税対策は防止できると考えられます。

6 相続税の節税スキーム

```
取引相場のない株式の節税対策は適正か？
①配当還元価額で持株譲渡 ＝ 名義株では？
②配当還元価額での増資  ③大会社への移行
④配当の停止  ⑤業種の変更
⑥法人所得の引下げ  ⑦貸付金は増資に
```

(1) 配当還元方式での持株譲渡は、名義株？

　被相続人が入院中に、被相続人のＡ社株式を相続人Ｂの友人Ｃに①の配当還元価格で譲渡したとして、相続財産から除外します。

　被相続人が生死の境目にあるときに、このような取引を行うことは常識的には考えられませんが、配当還元方式でオーナー株を売却することは、節税スキームが教示するように相続財産の評価を大きく下げることができるのです。そのために形式的な取締役会の株式譲渡承認・株式譲渡契約書・代金受領書を整えて、相続税の申告が行われる恐れがあるのです。

(2) 法人所得の引下げは、適正か？

　役員退職金や固定資産除却損は代表的ですが、棚卸除外や売上の繰延べによっても簡単に法人所得を大きく下げることができます。

　極端な事例では、法人税の調査のない仮決算を組んで、法人の基準年度としての株式の評価を計算している場合もあります。

　これらの過度の節税を誘発する原因が、相続税節税スキームだろうと考えられます。

7 相続税節税スキームの完結編

①相続税時効後に、配当還元価格でA社が自社株として買い取る。

②少数株主の友人Cは、問題なし。

③A社は、資本取引、受贈益は発生しない。

相続対策前の株主構成に戻る ➡ 完結

　前項の株式譲渡が名義株でないかの調査手法を考えてみます。総合調査であれば、友人C君に対する反面調査を実施して、

①　A社の株式をお持ちですか？

　答：はい。

②　現物を拝見できますか？

　答：現物は持っていません。

③　預かり書を見せていただけますか？

　答：ありません。

④　株式の購入は、何時ごろ誰から持ちかけられたのですか？

　答：前代表者が入院された△月△日頃、現社長のB君からです。

⑤　A社の株式の購入動機は何ですか？

　答：B君の相続対策です。

⑥　株式購入資金は、どこから出たのですか？確認させてください。

　答：……

⑦　株主総会の案内はありますか？あれば確認させてください。

　答：ありません。

⑧　配当があれば、取立て口座を確認させてください。

　答：配当はありません。

⑨　株主総会に出席されていますか？　A社の株主総会時の書類を確認させてください。

答：ありません。

⑩　株主総会では、委任状を提出されているのですか？

答：はい。

⑪　買戻しの契約はないのですか？

答：ありません。

⑫　将来A社の代が替わったとき、会社法の適正価格で買取りを求められるのですね？

答：いいえ、配当還元方式の価格です。

⑬　先ほど、買戻しの契約はないと言われませんでしたか？

このような質問検査権を行使され、名義株かどうかを判断されることになると想像します。

8 調査対象企業の選定要因

調査統計学の活用 ＋ 資料情報 ＋ 申告書の分析
＋長年の調査経験により養った 第六感 ＝ 的確な選定

■法人税粗選定表例　　　（税務監査チェック表②）

	調査（監査）項目	チェック欄	内　容		
			前々期	前期	当期
①	過去の調査で不正所得が把握されている				
②	不正常習業種・好況業種・高収益法人に該当する				
③	売上が急増している				
④	売上総利益率の変動が大きい				
⑤	雑収入・雑損失・特別損益に多額なものがある				
⑥	代表者報酬に変動がある				
⑦	個人借入金・仮受金・前受金等が増加している				
⑧	買掛金・未払金の増加に比べて棚卸金額が増加していない。				
⑨	長期・新規未払金がある 長期・新規買掛金がある				
⑩	交際費は、他科目まで検討した 修繕費が多額である 経費等の突出科目がある				
⑪	関係法人との取引がある				
⑫	資料情報がある（本音を聞く）				
⑬	3年間の事業概況書を分析して検討した				

9 不正常習法人は調査官のターゲット

> 不正常習法人等 ⇒ 新たな不正手口に挑戦
> 調査官は、「脱税癖は、禁煙を誓うに似たり」と解く
> 　　　　　その心は、「なかなかやめられない」
>
> 波打ち現象 ＝ 調査官のターゲット
> 調査官は、不正パターンを熟知 している

　前述した税務運営方針にも、「大口、悪質な不正を行っている法人又は不正計算を繰り返している法人に対しては、常に徹底した調査を行い、調査を通じてその是正を図る」とあり、不正常習法人は、調査官のターゲットとなっています。

　前回調査で不正所得が把握されている場合、進行年度の不正も把握されており、それらの項目が適正に受け入れられているかが調査項目の一つとなります。不正常習法人の習性として、追徴された税金を取り戻そうとして新たな不正手口に挑戦しているケースも多く、これを「波打ち現象」と呼びます。不正常習法人という用語があることは、調査官に軍配が上がっています。

　大口・悪質な不正を行える企業は、①よく儲けている、②過去によく儲かった、③お金を持っているというように、3つの「も」を持っています。大多数の企業は、④「納税モラル」の「モ」を持っておられますが、不正常習法人は、この4つめの「モ」が欠けているのです。

　上記の要件を備えている企業は、業績優良法人です。税理士にとっては大切なクライアントですので、税務監査を実施して不正常習法人という汚名を返上されることが、企業を守ることになるのではないでしょうか？しかし、忠告に対しても「馬の耳に念仏」、人間の欲には際限がありません。4つめの「モ」が欠けた企業には、国税の組織力を最大限駆使した厳正な調査が必要です。

10 重点調査業種は不正常習業種と好況業種

不正常習業種（不正発見割合の高い業種） ＋ **好況業種**（よく儲かっている業種） ＝ **重点調査業種**（調査接触頻度が高い特別調査対象の比率大）

調査対象者の選定は、統計学の活用

膨大な調査データは ☆ **国税当局最大の武器**

　国税当局における調査対象者の選定の切り札は、膨大な業種別の申告情報や、調査官の汗と努力の結晶である調査データを統計学的に分析できることです。それらの分析情報から好況業種や不正常習業種は、重点調査業種に指定されています。また、業種別の不正パターンは、課税部門全体に調査情報として流されています。

■国税庁記者発表（署所管法人の調査事績　平成18事務年度）
(1)　不正発見割合の高い10業種（小分類）

順位	業種目	不正発見割合	不正申告1件当たりの不正脱漏所得金額	前年順位
1	バー・クラブ	52.0%	11,670千円	1
2	パチンコ	49.1	34,473	2
3	廃棄物処理	35.3	18,862	3
4	職別土木建築工事	28.8	7,788	9
5	自動車、自転車販売	28.5	6,633	5
6	再生資源卸売	28.1	21,546	4
7	一般土木建築工事	27.9	11,044	7
8	土木工事	27.4	9,142	6
9	建売、土地売買	26.0	12,952	―
9	貨物自動車運送	26.0	8,360	―

(2) 不正申告1件当たりの不正脱漏所得金額の大きな10業種

順位	業種目	不正申告1件当たりの不正脱漏所得金額	不正発見割合	前年順位
1	貿易	79,205千円	18.4%	6
2	電子機器製造	39,261	16.8	5
3	パチンコ	34,473	49.1	1
4	物品賃貸	24,492	18.1	7
5	鉄鋼卸売	22,780	22.7	―
6	鉄鋼製造	22,521	24.6	―
7	再生資源卸売	21,546	28.1	8
8	廃棄物処理	18,862	35.3	―
9	自動車・同付属品製造	18,822	24.9	3
10	情報サービス、興信所	18,768	13.9	―

■国税庁記者発表（調査課所管法人の国際課税の状況平成18事務年度）

(1) 海外取引に係る課税状況

項目＼事務年度	17	前年対比	18	前年対比
申告漏れ件数	885件	130.3%	834件	94.2%
うち不正件数	78件	102.6%	105件	134.6%
申告漏れ所得金額	5,086億円	124.7%	3,992億円	78.5%
うち不正金額	83億円	70.3%	222億円	267.5%

大阪国税局記者発表

平成18事務年度（平18.7～平19.6）の中小法人の調査結果

○過去3年間の調査結果からみた「不正発見割合の高い10業種」及び「不正1法人当たり不正所得金額の大きな10業種」を掲げると、次表のとおりである。

■不正発見割合の高い上位10業種の過去3年間の推移等

不正発見割合の高い上位10業種				不正1法人当たり不正所得金額の大きな上位10業種			
順位	16事務年度	17事務年度	18事務年度	順位	16事務年度	17事務年度	18事務年度
1	パチンコ	パチンコ	パチンコ	1	パチンコ	パチンコ	パチンコ
2	廃棄物処理	廃棄物処理	廃棄物処理	2	電気・通信機械器具卸売	不動産代理仲介	建売、土地売買
3	不動産代理仲介	不動産代理仲介	不動産代理仲介	3	輸入	一般機械器具卸売	輸入
4	建売、土地売買	一般土木建築工事	美容	4	建売、土地売買	建売、土地売買	鉄鋼卸売
5	土木工事	土木工事	一般土木建築工事	5	自動車、自転車小売	廃棄物処理	自動車・同部品卸売
6	一般土木建築工事	自動車、自転車小売	建売、土地売買	6	廃棄物処理	印刷	電子機器製造
7	自動車、自転車小売	貨物自動車	土木工事	7	情報サービス、興信所	書籍、雑誌小売	一般土木建築工事
8	職別土木建築工事	建築工事	自動車、自転車小売	8	電子機器製造	広告	情報サービス、興信所
9	建築工事	職別土木建築工事	自動車修理	9	医療関連サービス	貿易	構築用金属製品製造
10	貨物自動車	建売、土地売買	職別土木建築工事	10	自動車・同部品卸売	鉄鋼卸売	廃棄物処理

(注) 各事務年度において、100件以上調査を実施した業種を対象として抽出したものである。

> 事例

- 京都市内のパチンコ経営会社を巡る巨額脱税事件で、大阪地検特捜部は2006年9月、京都、大阪両府内で5店を経営する「Y社」（京都市右京区）グループが、法人と個人合わせて約79億円の所得を隠し、計約28億円を脱税したとして、同社代表取締役のSら5人を法人税法や所得税法違反容疑で逮捕した。
- 逮捕されたのは、法人税法違反容疑が、Sとその三男で同社代表取締役のC。所得税法違反容疑が、個人で同社関連の店舗を経営している長男のAと二男のB、Sの弟のDの3人。
- Sらは大阪府枚方市内のパチンコ店1店舗で、2005年11月期までの3年間で実際には約15億6,300万円の所得があったにもかかわらず「0円」と申告、法人税約4億6,700万円を免れた疑い。Aらは京都市内などの4店舗で、05年までの3年間に計約63億4,000万円の所得を隠し所得税約23億3,000万円を脱税した疑い。
- Sら5人と同社の初公判が2006年12月、大阪地裁で開かれ、Sらはいずれも「間違いありません」などと起訴事実を認めた。
- その後Sら5人は大阪国税局から、起訴分とは別に20数億円の所得隠しを指摘された。所得隠しの総額は100数億円に上り、重加算税を含めた追徴税額は約53億円に達した。脱税事件の課税処理で、追徴税額が50億円を超えるのは異例。
- 大阪国税局は、脱税が長期にわたっていたとみて検察に告発、起訴された03〜05年の3年間より以前の申告も調査。この結果、1〜2年分でY社とSの息子ら3人に別に計20数億円の所得隠しが見つかり、脱税分に加え、加算税を含む約25億円の追徴を決めた。
- 追徴課税は申告期限から最長7年間可能だが、査察は調査に時間がかかるため、国税当局は告発を3年分に絞ることが多い。ただ、立件分以外に課税逃れが分かれば、追徴課税している。

61

11 個別ターゲット(1) 「高収益法人」

```
高収益法人  ⇒⇒  調査優先度上位
防波堤も高い ⇒⇒  高度な調査能力必要
業界の係数モデル ☆ 事業概況書 ⇒⇒ 月別分析
                   月別資料        推計在庫等の検討
```

　高収益法人は、前述した税務運営方針にも「高額なものから優先的に」と明記されており、調査優先度が高くなります。また、大口・悪質な不正を行える三つの「も」の要素を持っている企業ですが、先生方の防波堤も高く高度な調査能力や分析手法がなければ、問題点を抽出することも困難でしょう。その高度な調査力や分析手法の一つが、事業概況書の分析です。

　推計在庫の赤字は、棚卸除外を示しています。

　また、決算期月は、在庫が254,630千円増加しています。

■事業概況書の月別分析例

(単位：千円)

売上	売上原価	仕入	労務費	月別粗利益	月別在庫増減	推計在庫
	51.00%					80,000
232,000	118,320	79,000	24,000	129,000	−39,320	40,680
220,000	112,200	136,000	70,000	14,000	23,800	64,480
277,000	141,270	174,000	39,000	64,000	32,730	97,210
372,000	189,720	183,000	34,000	155,000	−6,720	90,490
304,000	155,040	115,000	27,000	162,000	−40,040	50,450
308,000	157,080	99,000	28,000	181,000	−58,080	−7,630
336,000	171,360	200,000	36,000	100,000	28,640	21,010
266,000	135,660	177,000	66,000	23,000	41,340	62,350
327,000	166,770	206,000	33,000	88,000	39,230	101,580
344,000	175,440	189,000	36,000	119,000	13,560	115,140
375,000	191,250	156,000	34,000	185,000	−35,250	79,890
87,000	44,370	299,000	79,000	−291,000	254,630	354,520
			3月	棚卸計上金額		155,000

12 個別ターゲット(2) 「重要資料」

> 重要資料 ＝ 不正が想定される取引資料
> 的確な収集が求められている。
> 売上除外・仮名取引・簿外取立口座等々
> 資料情報の活用　調査優先度上位
> 調査選定の基本は、申告書の分析

　税務運営方針の「有効な資料・情報の収集とその活用」の項に、「資料・情報は、調査対象の選定、調査ポイントの抽出などに役立つものであるので、その収集に当たっては、活用効果が特に大きいと認められるものに重点を置き、調査に当たっては、収集した資料・情報を十分活用することに努める」と明記されています。その活用効果が特に大きいと認められる資料が、重要資料です。また、重要資料を収集するのは、調査官です。ある企業等の調査中に、不審な取引を把握し、その取引を解明していく過程において、取引先の不正が想定された場合に作成する資料です。

　例えば、一見取引先や仮名取引先を解明した結果、
① 取引内容が、現金取引で売上除外が想定される
② 公表外銀行で取り立てている
③ 法人取引にもかかわらず、個人名義で取り立てている
④ 百貨店等の法人口座に個人費用を付け込んでいる
等々を把握した場合に作成されています。

　資料の回付を受けた調査担当部門は、その事業者を優先的に調査対象者に選定されることになりますが、調査対象者選定の基本は、申告書の分析です。資料価値があるかないかは、申告書を分析して初めて判断できるからです。

13 個別ターゲット(3) 「資料情報」

資料情報が調査対象者の選定を左右する

投書　　タレコミ　　内部告発

調査対象者の選定には、非常に有効な情報である

法定調書　⇒⇒　国外送金等に係る調書

所得税法・相続税法・租税特別措置法・その他の法律

一般資料せん　　調査時収集資料せん

　資料情報は、調査対象者の的確な選定において重要な役割を担っています。特に、投書やタレコミ・内部告発は、その企業の内部事情を把握することができる有効な資料となっています。また、近年、新聞を賑わしているのが、海外を利用した課税逃れの記事です（事例1～3参照）。

　これらの海外取引が把握される理由は、法定資料である「国外送金等に係る調書」が端緒になっていると推測しています。この法定調書は、「内国税の適正な課税の確保を図るための国外送金等に係る調書の提出等に関する法律」に基づいて、金融機関が、200万円以上の国外送金等に係る為替取引を行ったときは、翌月末日までに税務署長への提出を義務付けられています。

■国外送金等に係る調書

○**内国税の適正な課税の確保を図るための国外送金等に係る調書の提出等に関する法律**（平成9年12月5日法律第110号）
（目的）
第1条　この法律は、納税義務者の外国為替その他の対外取引及び国外にある資産の国税当局による把握に資するため、国外送金等に係る調書の提出等に関す

る制度を整備し、もって所得税、法人税、相続税その他の内国税の適正な課税の確保を図ることを目的とする。

(国外送金等調書の提出)
第4条　金融機関又は日本郵政公社は、その顧客が当該金融機関の営業所等又は郵便局等を通じてする国外送金等(その金額が政令で定める金額以下のものを除く。)に係る為替取引を行ったときは、その国外送金等ごとに次の各号に掲げる場合の区分に応じ当該各号に定める事項を記載した調書(以下「国外送金等調書」という。)を、その為替取引を行った日として財務省令で定める日の属する月の翌月末日までに、当該為替取引に係る金融機関の営業所等又は郵便局等の所在地の所轄税務署長に提出しなければならない。
一　国外送金の場合　その国外送金をした顧客の氏名又は名称、当該顧客の住所、その国外送金をした金額、その国外送金に係る前条第一項の告知書に記載されている送金原因その他の財務省令で定める事項
二　国外からの送金等の受領の場合　その国外からの送金等の受領をした顧客の氏名又は名称、当該顧客の住所(国外からの送金等の受領がその者の本人口座においてされた場合には、住所又は当該本人口座が開設されている金融機関の営業所等若しくは郵便局等の名称及び所在地並びに当該本人口座の種類及び番号)、その国外からの送金等の受領をした金額その他の財務省令で定める事項

〇**同法施行令**(国外送金等調書の提出を要しない国外送金等の上限額)
第8条　法第4条第1項に規定する政令で定める金額は、200万円とする。
2　国外送金等が外国通貨で表示された金額で行われる場合における前項の規定の適用に係る外国通貨の本邦通貨への換算は、財務省令で定める外国為替相場を用いて行うものとする。

事例 1
●大阪府守口市の大手タクシー会社を中核とする「Tグループ」を創業した父親の遺産の一部を隠し、相続税約25億円を脱税したとして、大阪地検特捜部は

2006年3月、相続税法違反容疑でTグループ会長Nを逮捕、大阪国税局と合同で自宅や同グループの本社など計8か所を家宅捜索した。相続税の脱税額としては過去最大。追徴税額は重加算税を含め33億4,800万円。

- Nは02年4月に死亡した父親から不動産や預金、有価証券などを相続したが、生前父親が病気療養中だった01年から02年にかけて、父親名義の預金などを海外の金融機関に開設した複数の口座に送金して隠匿した。親族3人で相続した実際の遺産総額が約82億円で、課税対象額が約53億円だったのに、自分の相続分のうち約50億円を隠し、相続税約24億8,000万円を免れた疑い。
- Nは海外送金の事実を否認しているという。隠した預金はスイスの銀行口座に蓄えられていたとみられ、特捜部と国税局は使途の解明を進める。

- この事件の初公判が2006年5月、大阪地裁で行われた。Nは「父の指示に従い、海外送金に関与したことはあるが、脱税の意図はなかった」と、起訴事実を否認、無罪を主張した。
- 検察側の冒頭陳述によれば、相続税納付のため父親の資産を調査していた税理士が、多額の海外送金に気付いて申告を勧めたが、Nは拒否。2003年2月、税理士が再度、「後で修正することもできるので、半分だけでも申告を」と言ったところ、Nはしぶしぶ応じたという。
- 起訴状によればNは、父親が02年4月に死亡する前に、その財産をスイスの金融機関に預けるなどして隠匿。03年2月、約53億8,000万円だった課税対象資産を約28億8,000万円と偽り、相続税額を約3億円と申告、約25億円を脱税した。

- この事件の判決公判が2007年3月、大阪地裁で行われた。裁判長は「極めて巧妙に仕組まれた悪質な犯行で、反省の態度も見られない」と述べ、懲役4年、罰金7億円（求刑・懲役5年、罰金10億円）を言い渡した。Nは控訴した。
- 公判でNは「海外送金は父親の指示に従っただけで、脱税の意図はなかった」と起訴事実を否認していたが、裁判長は「父親の死亡直前にも海外へ多額の送金を行うなど、主体的にかかわっていたことは明らか。死後も他の相続人に海外資産を知らせておらず、脱税の強固な意志があった」と認定した。

第3章　税務調査対象者の的確な選定

事例 2

- メガネ販売大手で東証1部上場の「M社」（東京都中央区）のO会長が1998年から2003年にかけて、従業員らに売却した株式約700万株余りの売却益を日本の国税当局に申告していなかったとして、大阪国税局がO会長の株式の売却益の申告漏れを指摘した。申告漏れの総額は約30億円に上り、同国税局は無申告加算税など約5億5,000万円を追徴課税（更正処分）した。
- O会長はスイスに居住しているとしたが、国税当局は国内に居住の実態を認定したためとみられる。
- またM社についても東京国税局が税務調査し、株式の配当に対する源泉所得税について、不納付加算税を含め、数千万円の源泉徴収漏れを指摘した。
- O会長は1998年から2003年にかけて、M社の株式を多数の従業員に相対取引で売却。さらに2003年2月には617万株をO会長が100％出資する資産管理会社（英国・ロンドン）に売却した。
- こうした売却総株式数は700万株余り、約100億円に上るとみられ、O会長の取得価額から引いた約30億円が利益になるとみられる。
- O会長はスイス・ジュネーブに居住しているとして、日本でこの売却益を申告せず、スイスで申告した。しかし国税当局は、O会長は国内に居住の実態があり日本で申告すべきだったとして、無申告加算税を賦課した。

事例 3

- 2006年7月、世界的ベストセラーとなった海外小説の邦訳を手掛けた翻訳家Mさんが東京国税局の税務調査を受け、2004年までの3年間に約35億円の申告漏れを指摘されていたことがわかった。Mさんはスイスに居住しているとして、日本での確定申告をしていなかったが、国税局から実質的に国内居住者と認定された。追徴税額は過少申告加算税を含め約7億円に上るという。
- Mさんは課税処分を不服として異議を申し立て、スイス居住を認めてもらうために日本とスイスの両国間の相互協議を申し立てた。
- Mさんは、人気海外小説を邦訳し日本で出版する権利を持つ出版社の社長で、同社から翻訳料を得ている。Mさんは2001年に東京都内からスイスに移住したため、同社が「国内居住者ではない」として、翻訳料の20％を源泉徴収して納

67

税していた。
- しかし国税局は、Mさんが頻繁に帰国しており、実質的な居住地は国内と認定して追徴課税した。

- この、Mさんが居住国の判定について日本とスイスの相互協議を申し立てていた問題で、両国は国税局の認定通り、日本が実質的な居住国だったとの結論を出した。
- 税法上、日本国籍を持つ国内居住者は全世界で生じた所得に課税されるが、非居住者は原則、日本での所得の源泉徴収だけですむ。Mさんは1999年以降、人気海外小説のシリーズを邦訳して自分が経営する出版社から出版して翻訳料を得ていたが、2001年にスイスにマンションを購入、住民票も移し居住者でなくなったとして、出版社が翻訳料の20％を源泉徴収して納付していた以外、日本で申告していなかった。ところが頻繁に帰国、東京で出版業務をしていたことから、国税局は生活の本拠を東京と認定した。

14 個別ターゲット(4) 「同族グループ法人」

```
                    業務主宰者Ｘ

A社B社C社とも業務主宰者X一族が、株式の50％以上を保有

グループ法人   A社      B社       C社    （資産管理会社）
              3月決算   9月決算    9月決算
不正パターンは、決算期のずれを利用する

子会社   D社    E社    海外子会社   （移転価格税制）
グループ全体の申告書を眺めれば、問題点が見えてくる
```

　調査対象者を的確に選定するためには、グループ法人全社の申告書を取り寄せて分析すると全体像が見えてきます。
　グループ間において行われた問題のある行為の代表的なものは、
　① 　決算期の違いを利用して利益調整する
　② 　通常価格と異なる取引価格を設定する
　③ 　グループ間で固定資産等の売買をおこない、含み損を実現させる
　④ 　関係子会社への資金援助を、寄付金とされない方策を考える
　⑤ 　グローバル企業では、税軽減国に利益を集中させる
等々です。
　グループ法人は、業務主宰者Ｘの恣意により、通常では考えられない取引を行っている場合があります。例えば、A社が製造会社で、B社が販売会社とします。また、A社は3月決算、B社は9月決算と仮定します。
　半年毎に、商品単価を変動させます。
　販売単価を4月から9月までは高く、10月から3月までは低く設定します。結果として、A社・B社とも、前半は利益が出ますが、後半は利益が抑えられ、翌期に利益を繰り延べる利益調整のシステムが構築されます。
　グループ間の特異な取引の代表格は、固定資産の売却等による含み損を実現

させる取引や赤字子会社への資金援助です。これらの取引の関係書類をチェックして、問題の有無の確認が必要です。

新聞紙上を賑わしている大企業の申告漏れは、海外子会社に対する利益供与や移転価格税制の問題です。

■移転価格税制にからむ申告漏れと追徴課税額（概数）

		企業	申告漏れ	追徴課税額
04年	6月	ホンダ	254億円	130億円
05年	3月	京セラ	243億円	130億円
	5月	日本金銭機械	34億円	17億円
	6月	ソニー	214億円	45億円
	6月	TDK	213億円	120億円
06年	6月	武田薬品工業	1,223億円	570億円
	6月	ソニー	744億円	279億円
	6月	三井物産	49億円	25億円
	6月	三菱商事	50億円	22億円
	6月	マツダ	181億円	76億円
	10月	京セラ	△78億円	△43億円　還付
	10月	任天堂	380億円	170億円

15 国税最後の砦「マルサ」

```
マルサの女  から20年 宮本信子主演   巨悪の敵マルサ

     税務調査  ⇒⇒⇒⇒⇒⇒  査察部

   地道な内偵調査 ⇒ 強制調査 ⇒ 検察庁に告発

現在  税務調査官 窓辺太郎の事件簿  小林稔侍主演
      身分詐称による質問検査権行使は、法人税法違反
```

　査察調査は、裁判官を説得する犯則嫌疑事実を揃えなければ、令状が下りません（国犯法第2条第3項）。言い換えれば、査察着手時点で、犯則嫌疑事実があったということになります。裁判官を説得するには、膨大な嫌疑事実の積み上げが必要です。

　税務運営方針では「課税部門との緊密な連携の下に査察の効果が申告水準の向上に十分寄与するよう配意する」と謳われています。また、その方法も通達で定められていますが、質問検査権との関係は、下記の最高裁判例に基づいているようです（様式・記載例は、行政文書開示請求により取得できます。）。

○**最高裁判決**（昭和51.7.9）裁判集刑事201号137頁
　「……原判決の『法人税法第156条が、税務調査中に犯則事件が察知された場合に、これが端緒となって収税官吏としての調査に移行することも禁ずる趣旨のものとは解しえない。』との判断は正当であって、このように解して憲法38条第1項に違反しないことは、最高裁昭和44年（あ）第734号同年47年11月22日大法廷（刑集26巻9号554頁）の趣旨に徴して明らかであるばかりでなく、本件の場合法人税法に基づく質問検査権を犯則調査若しくは、犯罪捜査の手段として行使

したと認めるに足る資料はないから、所論の主張は採用できない。」と判示している（松沢智著「刑事処罰法」有斐閣124頁より引用）。

第4章

総合調査からみた相続税の監査ポイント

1 相続税申告書の監査ポイント

相続税の申告書は情報の宝庫

個人の清算結了申告書　**生涯可処分所得の検討**

☆　**相続税基準年度の法人税申告書の検討**

法人税の調査結果により、株価評価は連動する。

相続税申告書の概略的な監査ポイントは、下記のとおりです。

①　相続財産のうちの金融資産が、被相続人の過去の可処分所得に見合っているか。（特に、多額の土地や株式譲渡は要チェック） 　　仮名・借名預金については、出金時に「本人確認法」により、また、海外送金については、「国外送金等に係る調書」により、把握されることを説明して、提示を受けることが必要。
②　関係会社の株式評価は、純資産評価額とかけ離れていないか。 　　（株価評価の法人基準年度の法人税申告書は、要チェック）
③　被相続人は、関係法人の創業者でなかったか。 　　（発起人株主に名義株がなかったか、要チェック）
④　直近に配当還元方式による株式の譲渡はなかったか。 　　（譲渡理由に経済的合理性があるか、要チェック）
⑤　土地評価の減額理由は、適正か。（現場確認　要チェック） 　　土地評価に関係会社の自然発生借地権控除を適用しているか。 　　（賃貸契約書の内容、無償返還届出書の提出もれ　要チェック）
⑥　直近の建物取得に問題はないか。（相続税対策　要チェック） 　　建物附属設備や構築物は、計上されているか。

（資産家においては、庭や構築物についても　要チェック）

⑦　債務に対応する資産は、計上されているか。
　　債務保証が計上されていないか。
　　（債務発生時点からの資金の流れや、関係書類　要チェック）

⑧　相続人の保有資産は、相続人の収入に見合ったものか。
　　（相続税法第59条第2項を説明して、大口の預金発生　要チェック）

2 財産明細書の監査ポイント

| 相続財産の預貯金等 ⇒ 相続人の預貯金等 |
| 現金・預貯金等・有価証券の除外　54.2% |
| ☆ 預貯金等の金融資産は、調査官の掌中に？ |

　国税庁の記者発表によると、平成18年度の相続税の調査で、「現金・預貯金等・有価証券」が申告漏れとして把握されている割合は「56.6%」となっています。その態様は、多額の現金や公社債を自宅等に隠匿するケース・預貯金が借名や仮名の名義や財産の所在が海外であることを悪用して申告から除外するケース、架空の証書等を作成して相続財産を過少に装うケースなどが把握されています。

　税務監査のポイントは、
①　財産明細書の預貯金や有価証券等の合計金額が、被相続人の過去の可処分所得に見合っているか
②　相続人の預貯金等の発生は、相続人の過去の可処分所得に見合っているか
という、基本的なチェックをすることです。

　問題は、相続人の預貯金や仮名・借名預金・無記名債権等の関係書類を提出してもらえるかということですが、その説得材料として「相続税法第59条第2項（調書の提出）の規定により、被相続人・相続人の預貯金や有価証券の推移や保有状況が、調査官に把握されること」を説明し、提出洩れのないように注意喚起することです。

　特に、仮名預金や無記名債権であっても、現金出金時には本人確認法により把握されること、また、海外送金についても「国外送金等にかかる調書」により把握されている旨の説明が必要です。

○**相続税法第59条　第2項**
(調書の提出)
　この法律の施行地に営業所又は事務所を有する法人は、相続税又は贈与税の納税義務者又は納税義務があると認められる者について税務署長の請求があった場合においては、これらの者の財産又は債務について当該請求に係る調書を作成して提出しなければならない。

(本人確認法)
金融機関等による顧客等の本人確認等及び預金口座等の不正な利用の防止に関する法律（平成14年4月26日法律第32号）

(目的)
第1条　この法律は、金融機関等による顧客等の本人確認及び取引記録の保存に関する措置並びに預貯金通帳等を譲り受ける行為等についての罰則を定めることにより、テロリズムに対する資金供与の防止に関する国際条約等の的確な実施、組織的な犯罪の処罰及び犯罪収益の規制等に関する法律（平成11年法律第136号）第54条の規定による届出等の実効性の確保及び公衆等脅迫目的の犯罪行為のための資金の提供等の処罰に関する法律（平成14年法律第67号）第1条に規定する公衆等脅迫目的の犯罪行為のための資金の提供等が金融機関等を通じて行われることの防止に資する金融機関等の顧客管理体制の整備の促進並びに預金口座等の不正な利用の防止を図ることを目的とする。

○**本人確認法施行令の改正**─施行時期：平成19年1月4日から施行
①　本人確認法施行令第3条第1項に掲げる本人確認の対象となる取引（注）に、下記イ～ハの取引を追加することとします。
　　(注)　現行本人確認法施行令第3条第1項では、本人確認の対象となる取引として、預貯金契約の締結や大口現金取引（200万円超の現金の受払いをする取引）等が定められています。
　　イ　為替取引等を伴う現金の受払いをする取引で、10万円を超えるもの
　　ロ　他の金融機関等が行う為替取引のために行う現金の支払を伴わない預貯金の払戻しであって、当該払戻しの金額が10万円を超えるもの

ハ　預貯金の受入れを内容とする契約の締結を行うことなく、為替取引等を継続的に又は反復して行うことを内容とする契約の締結

3 取引相場のない株式評価の監査ポイント(1)

```
類似業種比準方式  ⇒  評価を下げる魔法の杖①

財産評価通達180   過度の節税対策を助長する
類似業種比準方式の評価は掛算・割り算で決定される

☆ 法人税の調査結果に大きく連動  パンドラの箱の実像
```

相続税の節税スキームは、①配当の停止、②含み損の実現、③退職金の支払、④不動産の取得、⑤業種の変更、⑥大会社への移行等々を、効果的に組み合わせて利用することを勧めています。

類似業種比準方式の評価は、財産評価通達180の規定により、下記の計算式で計算されます（Aは類似業種比準価格・評価企業のⒷは配当、Ⓒは法人所得、Ⓓは純資産価格）

$$類似業種比準価格 = A \times \frac{\frac{Ⓑ}{B} + \frac{Ⓒ \times 3}{C} + \frac{Ⓓ}{D}}{5} \times 0.7 \quad (中0.6 \quad 小0.5)$$

その中でも基準年度の法人所得を下げることにより、株価を大きく引き下げる計算式が組み込まれています。

例えば、Aの類似業種株価を30円と設定した場合、
① 300円をⒸの正当値とすれば、比準割合は、6倍（30÷5）
② 150円にⒸを減額すれば、比準割合は、3倍（15÷5）
③ Ⓒを赤字にすれば、比準割合は、0倍（0÷5）です。

監査ポイントは、関係会社の株式評価額が、帳簿純資産評価額と大きくかけ離れていないかをチェックすることです。類似業種比準方式は、関係法人の総

資産・業種・従業員数・売上金額・法人の所得等によって、大きく変動する要素を含んでいます。これらの要素は、「過度の節税」の誘発要因を含んでおり、法人税が更正されれば、相続税とのダブルパンチを受けることになります。

それを防ぐには、法人税の調査に備えたチェックが必要です。

○**財産評価通達180**（類似業種比準価額）

　前項の類似業種比準価額は、類似業種の株価並びに１株当たりの配当金額、年利益金額及び純資産価額（帳簿価額によって計算した金額）を基とし、次の算式によって計算した金額とする。この場合において、評価会社の直前期末における資本金額を直前期末における発行済株式数で除した金額（以下「１株当たりの資本金の額」という。）が50円以外の金額であるときは、その計算した金額に、１株当たりの資本金の額の50円に対する倍数を乗じて計算した金額とする。

$$A \times \left[\frac{\frac{Ⓑ}{B} + \frac{Ⓒ}{C} \times 3 + \frac{Ⓓ}{D}}{5} \right] \times 0.7$$

上記算式の適用に当たっては、次による。
(1)　上の算式中の「A」、「Ⓑ」、「Ⓒ」、「Ⓓ」、「B」、「C」及び「D」は、それぞれ次による。

　「A」＝類似業種の株価

　「Ⓑ」＝評価会社の直前期末における１株当たりの配当金額

　「Ⓒ」＝評価会社の直前期末以前１年間における１株当たりの利益金額

　「Ⓓ」＝評価会社の直前期末における１株当たりの純資産価額
　　　　　（帳簿によって計算した金額）

　「B」＝課税時期の属する年の類似業種の１株当たりの配当金額

　「C」＝課税時期の属する年の類似業種の１株当たりの年利益金額

　「D」＝課税時期の属する年の類似業種の１株当たりの純資産価額
　　　　　（帳簿価額によって計算した金額）

　（注）　類似業種比準価額の計算に当たっては、Ⓑ、Ⓒ及びⒹの金額が183《評価会社の１株当たりの配当金額等の計算》により１株当たりの資本金の

額を50円とした場合の金額として計算することに留意する。
2　上記算式中の「0.7」は、178《取引相場のない株式の評価上の区分》に定める中会社の株式を評価する場合には「0.6」、同項に定める小会社の株式を評価する場合には「0.5」とする。
3　上記算式中の©の金額が0の場合には、分母の「5」は「3」とする。

4 取引相場のない株式評価の監査ポイント(2)

> **配当還元方式** ⇒ **評価を下げる魔法の杖②**
> 財産評価通達188・188-2は、会社法を超えている？
>
> **法人税の節税にも活用可能**
> 特殊支配同族会社の役員給与の損金不算入（法人税法第35条）
>
> ☆ **法人税調査で解明される？** パンドラの箱の実像
>
> **会社法＝反対株主の買取請求は公正な価格**
> 会社法第116条・第117条　安易な譲渡は、将来に禍根を残す

(1) 配当還元方式による評価額

　財産評価通達（188及び188-2）では、特例的な評価方法の「配当還元方式」を認めています。また、相続税の節税スキームにも①配当還元方式による株式の贈与や譲渡を考える、②従業員持株制度を導入して配当還元方式で売却する、③配当還元方式で第三者割当増資を考える等々を、節税の目玉商品として取り上げています。

　例えば、「発行株式1,000株、資本金1,000万円の超優良企業がある。この企業の株式評価額は、約10億円で、株主は現会長が100％保有している。相続税が大変なので、後継者である長男の友人に、取締役を選任できない議決権制限株として、49％の株式を配当還元方式による評価額490万円で売却した」とすると、経営権も守られ、相続財産としての株価評価額を約半額（約5億円）に下げることができます。

(2) 反対株主の買取請求権

　会社法では、「反対株主の有する株式を公正な価格で会社に買い取ることを請求することができる」（第116条）、また「裁判所に価格の決定を申し立てる

ことができる」(第117条)と定められています。

では、配当還元方式で売却した株式の株主が、会社法の反対株主の買取請求権を行使された場合はどうなるのでしょうか?

(3) 同方式による株式譲渡は、法人税の節税対策にも利用可能

法人税法第35条に「特殊支配同族会社の役員給与の損金不算入」の規定が創設されたことにより、従来相続税の「評価を下げる魔法の杖」を、法人税の節税対策にも利用できることになりました。

特殊支配同族会社とは、業務主宰役員及びその役員と特殊の関係のあるものが発行済株式の総数の90%以上の数を有する場合に適用されますので、11%以上の株式を第三者に売却すれば、同規定は適用されないことになります。

ただし、法人税法施行令第72条第4項により、法人の意思と同一の内容の議決権を行使することに同意している者の議決権は、業務主宰者が保有しているとみなされます。このみなし規定は名義株の判定にも通じますので、同方式による株式譲渡は、これからの法人税調査の新しい調査手法になるものと考えています。

(4) 監査ポイント

監査ポイントは、法人税別表二の株式の異動をチェックすることです。

特に、配当還元方式による株式の譲渡があれば、前述したように①経済的合理性があるか、②取締役会の承認があるか、③金銭の授受があるか、④株主総会への出席があるか、⑤相続税の節税対策だけの目的でないか、⑥法人税の節税対策でないか等々の調査官の質問に耐えうるよう、関係書類を整理して検討される必要があります。

「形式を整えた単なる名義株ではない」との確信が持てれば、調査があっても安心です。しかし、節税対策だけの安易な譲渡は、会社法による反対株主の買取請求の対象となり、将来に禍根を残すおそれのあることを十分説明する必要があります。

○財産評価通達188－2
(同族株主以外の株主等が取得した株式の評価)
　前項の株式の価額は、その株式に係る年配当金額（183《評価会社の１株当たりの配当金額等の計算》の(1)に定める１株当たりの配当金額をいう。ただし、その金額が２円50銭未満のもの及び無配のものにあっては２円50銭とする。）を基として、次の算式により計算した金額によって評価する。ただし、その金額がその株式を179《取引相場のない株式の評価の原則》の定めにより評価するものとして計算した金額を超える場合には、179《取引相場のない株式の評価の原則》の定めにより計算した金額によって評価する。

(その株式に係る年配当金額／10%)×(その株式の1株当たりの資本金の額／50円)

(注)　上記算式の「その株式に係る年配当金額」は１株当たりの資本金の額を50円とした場合の金額であるので、算式中において、評価会社の直前期末における１株当たりの資本金の額の50円に対する倍数を乗じて評価額を計算することとしていることに留意する。

○会社法
(反対株主の株式買取請求)
第116条　次の各号に掲げる場合には、反対株主は、株式会社に対し、自己の有する当該各号に定める株式を公正な価格で買い取ることを請求することができる。
　一　その発行する全部の株式の内容として第107条第１項第一号に掲げる事項についての定めを設ける定款の変更をする場合　全部の株式
　二　ある種類の株式の内容として第108条第１項第四号又は第七号に掲げる事項についての定めを設ける定款の変更をする場合　第111条第２項各号に規定する株式
　三　次に掲げる行為をする場合において、ある種類の株式（第322条第２項の規定による定款の定めがあるものに限る。）を有する種類株主に損害を及ぼすおそれがあるとき　当該種類の株式

イ　株式の併合又は株式の分割
　　　ロ　第185条に規定する株式無償割当て
　　　ハ　単元株式数についての定款の変更
　　　ニ　当該株式会社の株式を引き受ける者の募集（第202条第1項各号に掲げる事項を定めるものに限る。）
　　　ホ　当該株式会社の新株予約権を引き受ける者の募集（第241条第1項各号に掲げる事項を定めるものに限る。）
　　　ヘ　第277条に規定する新株予約権無償割当て
2　前項に規定する「反対株主」とは、次の各号に掲げる場合における当該各号に定める株主をいう。
　一　前項各号の行為をするために株主総会（種類株主総会を含む。）の決議を要する場合　次に掲げる株主
　　　イ　当該株主総会に先立って当該行為に反対する旨を当該株式会社に対し通知し、かつ、当該株主総会において当該行為に反対した株主（当該株主総会において議決権を行使することができるものに限る。）
　　　ロ　当該株主総会において議決権を行使することができない株主
　二　前号に規定する場合以外の場合　すべての株主
3　第1項各号の行為をしようとする株式会社は、当該行為が効力を生ずる日（以下この条及び次条において「効力発生日」という。）の20日前までに、同項各号に定める株式の株主に対し、当該行為をする旨を通知しなければならない。
4　前項の規定による通知は、公告をもってこれに代えることができる。
5　第1項の規定による請求（以下この節において「株式買取請求」という。）は、効力発生日の20日前の日から効力発生日の前日までの間に、その株式買取請求に係る株式の数（種類株式発行会社にあっては、株式の種類及び種類ごとの数）を明らかにしてしなければならない。
6　株式買取請求をした株主は、株式会社の承諾を得た場合に限り、その株式買取請求を撤回することができる。
7　株式会社が第1項各号の行為を中止したときは、株式買取請求は、その効力を失う。

（株式の価格の決定等）

第117条　株式買取請求があった場合において、株式の価格の決定について、株主と株式会社との間に協議が調ったときは、株式会社は、効力発生日から60日以内にその支払をしなければならない。
2　株式の価格の決定について、効力発生日から30日以内に協議が調わないときは、株主又は株式会社は、その期間の満了の日後30日以内に、裁判所に対し、価格の決定の申立てをすることができる。

○法人税法
（特殊支配同族会社の役員給与の損金不算入）
第35条　内国法人である特殊支配同族会社（同族会社の業務主宰役員（法人の業務を主宰している役員をいい、個人に限る。以下この項において同じ。）及び当該業務主宰役員と特殊の関係のある者として政令で定める者（以下この項において「業務主宰役員関連者」という。）がその同族会社の発行済株式又は出資（その同族会社が有する自己の株式又は出資を除く。）の総数又は総額の100分の90以上に相当する数又は金額の株式又は出資を有する場合その他政令で定める場合における当該同族会社（当該業務主宰役員及び常務に従事する業務主宰役員関連者の総数が常務に従事する役員の総数の半数を超えるものに限る。）をいう。以下この条において同じ。）が当該特殊支配同族会社の業務主宰役員に対して支給する給与（債務の免除による利益その他の経済的な利益を含むものとし、退職給与を除く。）の額（前条の規定により損金の額に算入されない金額を除く。）のうち当該給与の額を基礎として政令で定めるところにより計算した金額は、当該特殊支配同族会社の各事業年度の所得の金額の計算上、損金の額に算入しない。
2　前項の特殊支配同族会社の基準所得金額（当該事業年度開始の日前3年以内に開始した各事業年度又は各連結事業年度の所得の金額若しくは欠損金額又は第81条の18第1項（連結法人税の個別帰属額の計算）に規定する個別所得金額若しくは個別欠損金額を基礎として政令で定めるところにより計算した金額をいう。）が政令で定める金額以下である事業年度その他政令で定める事業年度については、前項の規定は、適用しない。
3　第1項の場合において、内国法人が特殊支配同族会社に該当するかどうかの

判定は、当該内国法人の当該事業年度終了の時の現況による。

○**法人税法施行令**
（特殊支配同族会社の判定等）
第72条　法第35条第１項　（特殊支配同族会社の役員給与の損金不算入）に規定する政令で定める者は、次に掲げる者（第一号から第五号までに掲げる者にあつては、同項 の同族会社の役員であるものに限る。）とする。
4　個人又は法人との間で当該個人又は法人の意思と同一の内容の議決権を行使することに同意している者がある場合には、当該者が有する議決権は当該個人又は法人が有するものとみなし、かつ、当該個人又は法人（当該議決権に係る会社の株主等であるものを除く。）は当該議決権に係る会社の株主等であるものとみなして、前２項の規定を適用する。

5 土地評価の監査ポイント(1)

> 土地評価 ⇒⇒ 評価を下げる魔法の杖③
> 財産評価通達188・188－2は、会社法を超えている？
> ☆ 借地権は自然に発生する？　パンドラの箱の実像
> 相続税は借地権控除　　法人税は時効？
> 民法第175条（物件創設は法律要件）
> 第176条（物件の創設・移転は、当事者の意思表示）を超えている？

(1) **借地権は、自然に発生する？**

　資産税の専門家は、「相当の地代の額が固定されている借地権については、評価時点において新たに相当地代を計算するとした場合における地代の額と現に収受している実際の地代との額との間に差額地代が生じている場合があり、この場合には借地人にとっては差額地代の発生により生じる借り手に係る自然発生の借地権が生じる」と教示されています。

(2) **借地権の設定は、民法の世界？**

　借地権は、民法第175条の「物権は、この法律その他の法律に定めるもののほか、創設することができない」や同法第176条の「物権の設定及び移転は、当事者の意思表示のみによって、その効力を生ずる」の規定により発生するものです。

　また、当事者間の契約の効力については、民法第521条の「承諾の期間を定めてした契約の申込みは、撤回することができない。」と規定されています。

(3) **法人税の相当地代通達は、借地権の認定課税を避けるため？**

　借地権は、第三者間の取引では貸し手と借り手の力関係で契約が締結されており、その契約は借地借家法で守られています。同族企業が95％を超える日本

社会においては、会社の経営者である個人が、法人に土地を貸し付け、建物を建てさせているケースや、反対のケースも多く存在します。そのような借地借家法の保護のない特殊な関係者による行為を、第三者間の取引と同じ扱いにすることには無理があります。

そこで、特殊な関係者間における借地権の認定課税を避けるために、「無償返還の届出制度」（法人税基本通達13－1－7）が創設されました。

また、その担保として法人税基本通達13－1－4「相当地代に満たない場合の借地権の認定課税」を設けています（筆者は形骸規定ではないかと考えています）。

土地の路線価は毎年改定されていますが、上記の特殊関係者間においては、地代を据え置いているケースも多く存在します。その場合も6％基準で認定課税はされておらず、また、実施不可能な通達と考えています。

(4) 監査ポイント

土地評価の監査ポイントは、当初の賃貸契約条項を十分吟味されて、被相続人の遺志や今後の契約内容をどうするかを確認して「無償返還の届出書」の提出の判断を確認されることです。相続財産は、相続人全員の判断が必要です。税理士には、パンドラの箱は自社株を相続する人のみに偏在することを説明する責任があります。相続税対策だけで「相当地代通達による借地権の創出」は、遺産分割にも不当介入するだけでなく、総合調査が導入された現在、民法第176条規定により新たな物件の移転にも該当し、後々課税上のトラブルの原因になるおそれがあるのです。

○民法
（物権の創設）
第175条　物権は、この法律その他の法律に定めるもののほか、創設することができない。
（物権の設定及び移転）

第176条　物権の設定及び移転は、当事者の意思表示のみによって、その効力を生ずる。
(不動産に関する物権の変動の対抗要件)
第177条　不動産に関する物権の得喪及び変更は、不動産登記法（平成16年法律第123号）その他の登記に関する法律の定めるところに従いその登記をしなければ、第三者に対抗することができない。
(動産に関する物権の譲渡の対抗要件)
第178条　動産に関する物権の譲渡は、その動産の引渡しがなければ、第三者に対抗することができない。
(混同)
第179条　同一物について所有権及び他の物権が同一人に帰属したときは、当該他の物権は、消滅する。ただし、その物又は当該他の物権が第三者の権利の目的であるときは、この限りでない。
2　所有権以外の物権及びこれを目的とする他の権利が同一人に帰属したときは、当該他の権利は、消滅する。この場合においては、前項ただし書の規定を準用する。
3　前2項の規定は、占有権については、適用しない。

○民法　契約の成立
(承諾の期間の定めのある申込み)
第521条　承諾の期間を定めてした契約の申込みは、撤回することができない。
2　申込者が前項の申込みに対して同項の期間内に承諾の通知を受けなかったときは、その申込みは、その効力を失う。

第二款　契約の効力
(同時履行の抗弁)
第533条　双務契約の当事者の一方は、相手方がその債務の履行を提供するまでは、自己の債務の履行を拒むことができる。ただし、相手方の債務が弁済期にないときは、この限りでない。

第4章 総合調査からみた相続税の監査ポイント

○法人税基本通達
13−1−7　権利金の認定見合せ

　法人が借地権の設定等により他人に土地を使用させた場合（権利金を収受した場合又は特別の経済的な利益を受けた場合を除く。）において、これにより収受する地代の額が13−1−2に定める相当の地代の額に満たないとき（13−1−5の取扱いの適用があるときを除く。）であっても、その借地権の設定等に係る契約書において将来借地人等がその土地を無償で返還することが定められており、かつ、その旨を借地人等との連名の書面により遅滞なく当該法人の納税地の所轄税務署長に届け出たときは、13−1−3にかかわらず、当該借地権の設定等をした日の属する事業年度以後の各事業年度において、13−1−2に準じて計算した相当の地代の額から実際に収受している地代の額を控除した金額に相当する金額を借地人等に対して贈与したものとして取り扱うものとする。

　使用貸借契約により他人に土地を使用させた場合（13−1−5の取扱いの適用がある場合を除く。）についても、同様とする。

(注)　1　本文の取扱いを適用する場合における相当の地代の額は、おおむね3年以下の期間ごとにその見直しを行うものとする。この場合において、13−1−2の（注）1中「借地権の設定等の時」とあるのは「当該事業年度（その事業年度が連結事業年度に該当する場合には、当該連結事業年度）開始の時」と読み替えるものとする。

　　　　2　当該法人が連結納税基本通達16−1−7《権利金の認定見合せ》の取扱いによる届出を行っていた場合についても、本通達の適用がある。

相当の地代を支払っている場合等の借地権等についての相続税及び贈与税の取扱いについて　課資2−58（例規）直評9昭和60年6月5日

　標題のことについては、下記のとおり定めたから、これによられたい。

（趣旨）

　借地権の設定された土地について権利金の支払に代え相当の地代を支払うなどの特殊な場合の相続税及び贈与税の取扱いを定めたものである。

　したがって、借地権の設定に際し通常権利金を支払う取引上の慣行のある地域において、通常の地代（その地域において通常の賃貸借契約に基づいて通常支払

われる地代をいう。）を支払うことにより借地権の設定があった場合又は通常の地代が授受されている借地権若しくは貸宅地の相続、遺贈又は贈与があった場合には、この通達の取扱いによることなく、相続税法基本通達及び相続税財産評価に関する基本通達等の従来の取扱いによるのであるから留意する。

○（相当の地代に満たない地代を支払って土地の借受けがあった場合）
　借地権の設定に際しその設定の対価として通常権利金を支払う取引上の慣行のある地域において、当該借地権の設定により支払う地代の額が相当の地代の額に満たない場合、借地権者は、当該借地権の設定時において、次の算式により計算した金額から実際に支払っている権利金の額及び供与した特別の経済的利益の額を控除した金額に相当する利益を土地の所有者から贈与により取得したものとして取り扱う。
（算式）

$$自用地としての価額 \times \left\{ 借地権割合 \times \left(1 - \frac{実際に支払っている地代の年額 - 通常の地代の年額}{相当の地代の年額 - 通常の地代の年額} \right) \right\}$$

　上記の算式中の「自用地としての価額」等は、次による。
(1)　「自用地としての価額」は、実際に支払っている権利金の額又は供与した特別の経済的利益の額がある場合に限り、1《相当の地代を支払って土地の借受けがあった場合》の本文の定めにかかわらず、借地権の設定時における当該土地の通常の取引価額によるのであるから留意する。
(2)　「借地権割合」は、評価基本通達27《借地権の評価》に定める割合をいう。
(3)　「相当の地代の年額」は、実際に支払っている権利金の額又は供与した特別の経済的利益の額がある場合であっても、これらの金額がないものとして計算した金額による。

○法人税基本通達
13－1－3　相当の地代に満たない地代を収受している場合の権利金の認定
　法人が借地権の設定等により他人に土地を使用させた場合において、これにより収受する地代の額が13－1－2に定める相当の地代の額に満たないときは、

13-1-7の取扱いによる場合を除き、次の算式により計算した金額から実際に収受している権利金の額及び特別の経済的な利益の額を控除した金額を借地人等に対して贈与（当該借地人等が当該法人の役員又は使用人である場合には、給与の支給とする。以下13-1-14までにおいて同じ。）したものとする。
（算式）
　土地の更地価額×｛1－（実際に収受している地代の年額÷「13-1-2」に定める相当の地代の年額）｝

6 土地評価の監査ポイント(2)

土地評価 ⇒⇒ **評価を下げる魔法の杖④**

地代を下げれば、借地権が発生する？

地代の改定で借地権が発生する？

法人に利益を与える貸主からは、借地権も剥奪？

地価の変動で借地権は変動する？

パンドラの箱の実像　地価の上昇で発生・地価の下落で消滅

☆ **借地権控除は、借地権贈与の意思表示**

新たな賃貸借契約書の締結　トリプル課税の恐れはないか？

　法人税基本通達13－1－4は、「営利追求目的で設立された法人は、法人の利益に貢献する地代の安い地主からは、借地権も剥奪せよ」ということを意味しています。相続税節税スキームでは、この通達を利用して「地代の改定や地価の変動で借地権が発生したり消滅したりする」（パンドラの箱の実像）としていますが、前述のように、借地権は民法の問題です。

　監査ポイントは、相続税の土地評価で借地権控除をした場合、法人へ借地権を贈与したことになる旨の説明をして、相続人全員の意志を確認することです。法人課税部門において、法人へ贈与されたと確認されれば、地代の操作や地価変動による借地権の解除はできないと思われます。また、自然発生の時効借地権を主張すれば、決算書に受入処理を求められ借地権の帳簿価額が増加します。結果、評価差額に対する法人税等相当額も控除できないことになります。

　特に注意が必要なのは、相続財産の遺産分割にも、株式保有者のみに異常に利益が偏在し、株式を相続しない相続人からの訴訟の対象になるおそれもあります。

　このように、この通達によって借地権を設定して評価減額を図ることは、非常に危険な行為だと思われるのです。

法人税基本通達13−1−4（相当の地代を引き下げた場合の権利金の認定）
　法人が借地権の設定等により他人に土地を使用させ、これにより相当の地代を収受した場合においても、その後その地代を引き下げたときは、その引き下げたことについて相当の理由があると認められるときを除き、原則としてその引き下げた時においてその時における当該土地の価額を基礎として13−1−3の算式に準じて計算した金額（既に権利金の一部を収受している場合又は13−1−3若しくは連結納税基本通達16−1−3《相当の地代を引き下げた場合の権利金の認定》により贈与があったものとして計算された金額がある場合には、これらの金額を控除した金額）に相当する金額を借地人等に対して贈与したものとする。

7 建物評価の監査ポイント

> 建物評価 ⇒⇒ 評価を下げる魔法の杖⑤
> 財産評価通達89
>
> 所得税法・法人税法の建物は、評価でない？
> 財産評価通達89は、所得税法・法人税法を超えている
>
> 評価は固定資産税評価額 ☆ 二重控除を容認
> パンドラの箱の実像　節税効果は、建物を取得する人のみ
>
> チェックポイントは、特例適用と上記評価のない資産

　相続税節税スキームが教示するように、建物の取得は、実際の取得価額より固定資産税の評価が低いため、その開差が節税効果になります。建築中の建物についても、70％で評価されることになっています。また、賃貸物件については借家権割合も控除できます。

　賃貸物件は、不動産所得の建物取得となり、所得税法の減価償却資産に該当します。また、株式評価の純資産評価額の建物も、法人税法の減価償却資産としての評価額があります。

　建物評価（財産評価通達89）は、同じ国税の所得税法や法人税法の建物評価があるにもかかわらず、その評価額を無視して評価するように指示しています。

　所得税法の不動産所得の計算や法人の建物の減価償却は、相続税の評価は全く考慮しませんので、相続財産のみ低く評価することになります。

　そこで建物評価の監査ポイントですが、上記の問題は納税者有利の判断で割り切るとして、小規模宅地等の課税の特例適用のチェックと固定資産税が算定されていない門や外壁・庭園等の建物附属物のチェックが必要です。相続税を申告する資産家においては、立派な門構えや外壁それに応じた立派な庭園等を構築されているケースがあります。

また、借入金で不動産を取得しているケースでは、遺産分割で他の相続人が著しく不利になりますので、税理士の適切な助言が必要です。

○財産評価通達
（家屋の評価）
89　家屋の価額は、その家屋の固定資産税評価額（地方税法第381条（（固定資産課税台帳の登録事項））の規定により家屋課税台帳若しくは家屋補充課税台帳に登録された基準年度の価格又は比準価格をいう。以下この章において同じ。）に別表1に定める倍率を乗じて計算した金額によって評価する。
（建築中の家屋の評価）
91　課税時期において現に建築中の家屋の価額は、その家屋の費用現価の100分の70に相当する金額によって評価する。
（附属設備等の評価）
92　附属設備等の評価は、次に掲げる区分に従い、それぞれ次に掲げるところによる。
　(1)　家屋と構造上一体となっている設備
　　家屋の所有者が有する電気設備（ネオンサイン、投光器、スポットライト、電話機、電話交換機及びタイムレコーダー等を除く。）、ガス設備、衛生設備、給排水設備、温湿度調整設備、消火設備、避雷針設備、昇降設備、じんかい処理設備等で、その家屋に取り付けられ、その家屋と構造上一体となっているものについては、その家屋の価額に含めて評価する。
　(2)　門、塀等の設備
　　門、塀、外井戸、屋外じんかい処理設備等の附属設備の価額は、その附属設備の再建築価額から経過年数に応ずる減価の額を控除した価額を基とし、家屋の価額との均衡を考慮して評価する。
　(3)　庭園設備
　　庭園設備（庭木、庭石、あずまや、庭池等をいう。）の価額は、その庭園設備の調達価額（課税時期においてその財産をその財産の現況により取得する場合の価額をいう。以下同じ。）の100分の70に相当する価額によって評価する。

別表1　耕作権割合等一覧表

内　　容	割合等
①耕作権割合	100分の50
②家屋の固定資産税評価額に乗ずる倍率	1.0

8 債務の監査ポイント

```
債務    保証債務
架空債務   架空保証債務   大胆な脱税
監査のポイントは  債務に連動する資産の確認
☆ 債務は全額 ⇒ 資産は評価額？
財産評価通達は、評価を下げる魔法の杖？
```

　相続税脱税請負人による架空債務や架空保証債務が、国税局査察部に度々摘発されていました。

　相続開始前に借入金で土地や、建物（賃貸物件等）を取得すれば、財産評価通達により評価が下がります。それでも足りないときに架空保証債務が登場します。法人税の棚卸除外の容易さと似ているのですが、書類だけで揃えていかにも債務があるように仮装するのです。また、大胆な事例では、銀行借入の数字を一桁増やしているケースもありました。

　債務の監査ポイントは、債務金額に連動する資産の確認です。

　特に、資金使途の明らかでない借入金は、借入時点からの資金の流れを確認されることが必要です。保証債務は、過去の調査事例からも、大口不正の温床であったことから、調査選定材料になります。そのため、債務保証をするに至った経緯や、その債務の使われ方・債務者の返済資力のないことの事実関係資料を十分チェックされることをお勧めします。

　「相続税及び贈与税の重加算税の取扱い通達」には、「相続人等が、課税財産を隠匿し、架空の債務をつくり、又は事実をねつ造して課税財産の価額を圧縮していること」と、例示されている。

9 相続財産と相続人の預貯金

相続人名義預金	⇒	相続人の所得から？
贈与税の申告書	⇒	贈与契約の確認
☆ 無記名債権・仮名・借名預金	⇒	本人確認法

　相続税調査の基本の一つは、「相続人の保有する預貯金等が、相続人の所得から発生しているか。」を確認することです。

　「相続税及び贈与税の重加算税の取扱通達」の(5)に、「相続人等が、その取得した課税財産について、**例えば、被相続人の名義以外の名義、架空名義、無記名等であったこと**若しくは遠隔地にあったこと又は架空の債務がつくられてあったこと等を認識し、その状態を利用して、これを課税財産として申告していないこと又は債務として申告していること」と例示しています。

　例えば、「被相続人が6年前に相続人A名義で1,000万円の預金をしていた。Aは当然知らないので贈与税の申告はしていない。しかし、相続人Aは、自分の名義であるとして、相続財産に加えなかった」というケースです。

　この事案に調査が入ると、調査官は、相続人A名義1,000万円は、被相続人の預金から振り替わっています。「貴方は、贈与税の申告をされていませんので、贈与の事実を認識されていませんね？」と追求されます。もし認識していたと答えると、「それでは、贈与税の重加算税対象として課税します」と、藪蛇になるおそれもあります。

　相続税・贈与税の仮装隠ぺい行為は、「認識していた」こととなっています。不正偽り行為の時効は、7年となっています。

　監査のポイントは、相続人の名義預金であっても、相続人の所得から発生しているかどうかの確認をすることです。相続人の預金からの発生でない場合は、相続財産や贈与税の申告漏れではないかの確認をしておく必要があります。

また、相続人の預貯金の増加が相続人の申告所得より上回る場合は、相続人の所得税の申告漏れも考えられます。

10 相続財産と法定調書

税務署が保有している法定資料＝51種類＋α

所得税法	相続税法	租特措置法	国外送金法
40種類	4種類	6種類	1種類

　税務監査を実施する上において一番の問題点は、「国税当局が保有する資料情報等」が不明であることです。しかし、相続税法の調査権限や法律により提出を義務付けられた「法定調書の種類」や「照会文書の法的根拠」を具体的に説明することにより、相続人の協力を得られやすくなります。

　例えば、個別ターゲット(3)「資料情報」（第3章13）で前述した「タクシーグループ会長脱税50億円、海外に移す」事件においても、まず、①「相続税法第59条第2項」の説明をして、②被相続人の預貯金の増減資料が把握されている。③海外送金は「国外送金等に係る調書」で「すべて税務署に調書として資料が提出されている」ことを説明すれば、税理士の説得力も増していたのでは…と推測できます。

　問題は「無記名債権」です。過去の巨額の脱税事件に深く係わってきた代表的な金融資産ですが、3,000万円未満の購入には、本人確認の義務はありませんでした。しかし、平成14年度に本人確認法が施行され200万円未満にその金額が縮小され、また、財産明細書の監査ポイント（第4章2）で述べた「本人確認法の改正」により、平成19年1月4日以降、10万円以上の現金入金・出金について本人確認が義務付けられています。

　税務監査のポイントは、法定資料の種類や照会資料・本人確認法・国外送金法・国税の時効等を具体的に説明することです。特に、無記名債券の除外は重加算税対象となりやすいので、そのような債券を保有していないかを確認する必要があります。

〈法定調書の種類〉
- **所得税法に定められているもの　代表的な支払調書　40種類**
  ①給与所得の源泉徴収票、②公的年金等の源泉徴収票、③退職所得の源泉徴収票、④報酬、料金、契約金及び賞金の支払調書、⑤不動産の使用料等の支払調書、⑥不動産等の譲受け対価の支払調書、⑦不動産等の売買又は貸付の斡旋手数料の支払調書、⑧退職手当金等受給者別支払調書、⑨利子等の支払調書、⑩国外公社債等の支払調書、⑪配当、剰余金の分配及び基金利息の支払調書、⑫自己の株式の取得等の場合の支払調書、⑬匿名組合契約等の利益の分配の支払調書、⑭生命保険金契約等の一時金の支払調書、⑮生命保険契約の年金の支払調書⑯損害保険金の満期返戻金の支払調書、⑰無記名割引債の償還金の支払調書、⑱株式等の譲渡対価の支払調書、⑲譲渡性預金の譲渡等に関する調書、⑳新株予約権の行使に関する調書
  その他20種類の調書がある。

- **相続税法に定められているもの　4種類**
  ①生命保険金・共済金受取人別支払調書、②損害（死亡）保険金・共済金受取人別支払調書、③退職手当金等受給者別支払調書、④信託に関する受益者別調書

※※※　相続税法59条第2項　上記には含まれない。※※※

- **租税特別措置法に定められているもの　6種類**
  ①特定新株予約権等の付与に関する調書、②特定株式又は承継特定株式の異動状況に関する調書、③特定口座年間取引報告書、④特定振替国際等の譲渡対価の支払調書、⑤特定振替償還金等の償還金の支払調書、⑥商品先物取引に関する調書

- **内国税の適正な課税の確保に図るための国外送金等にかかる調書の提出等に関する法律　1種類**

第5章

総合調査からみた
法人税の監査ポイント

1 相続税の法人税基準年度の監査ポイント

法人税の基準年度	⇒⇒⇒	株価評価に連動
法人の作為行為		相続財産評価に直結

- 相続税の節税対策本 　**役員退職金**　　**特別損失**
- 法人税固有の問題　　**売上除外・架空原価・棚卸除外**
- 要監査ポイントは、　**法人税の基準年度作為の有無**

　相続税基準年度の監査ポイントは、取引相場のない株式評価の監査ポイント（第4章③）と表裏一体の関係にあります。前述した相続税の節税本では、「①配当の停止、②含み損の実現、③退職金の支払、④不動産の取得、⑤業種の変更、⑥大会社への移行等々を効果的に組み合わせて利用すること」でした。

　それ以外にも法人税固有の問題として、売上除外・架空原価・棚卸除外の不正取引や、売上げの繰延べ・原価等の繰上げ計上・棚卸計上もれ等によっても、所得を大きく下げることができます。

　監査のポイントは、相続税株式評価の基準年度の法人税申告書をチェックすることです。

　相続税の申告期に法人税の次年度の申告期限が到来しているかどうかは微妙ですが、下記の例は申告期限が到来していたとします（相続税の調査選定時には、確実に到来しています。）

① 基準年度前後の法人決算書の推移を3期分並べる。
② 基準年度の売上総利益率や法人所得が大きく減少していないかを確認する。
③ 売上総利益率の減少は、第7章②のチェック方法で検証する。
④ 固定資産除却損や退職金は、第5章⑤や⑥のチェック方法で検証する。

上記のチェックで作為があれば、一目瞭然で見えてきます。

2 法人設立関係書類の監査ポイント

```
定款      ☆ 目的外行為 ⇒ 特別背任行為
会社の目的    刑法の特別法（刑法より厳しい）

☆ 雑損失    貸倒損失    特別損失
  定款に定められた目的行為かの確認
```

　特別背任罪（会社法第960条）は、前述したとおり「その任務に背く行為をし、当該株式会社に財産上の損害を加えたとき」に、「10年以下の懲役若しくは1,000万円以下の罰金」と規定されています。法律違反や定款の目的外行為が、特別背任罪です。同族会社において、取締役が訴えられることは少ないとは考えますが、税法上も目的外行為にかかる特別損失は、要注意です。

　例えば、代表者の友人が経営する会社Aへ1億円の貸付金を融通していた。A会社が資金繰りに行きづまり倒産した。友人は行方不明で回収見込がなくなった。取締役会の承認を得て貸倒損失に計上した。

　この会社に税務調査が入ると、調査官は、「友人に対する貸付金は、代表者の個人的行為でありませんか？　貸倒損失は役員賞与になりますね？」といわれるおそれがあります。

　株主から訴えを起こされれば、損害賠償の責任を追及されることにもなります。（会社法第423条第1項、第424条）

　また、旧商法では、発起人設立においては、発起人による資本金の払込みが必要であったため、名義を借りて資本金を振り込むケースもありました。名義株については次項で解説します。

　監査のポイントとしては、法人の特別損失等が、定款に定められた目的行為かどうか確認することです。法人税法では、第22条第3項に「当該事業年度の損失の額で資本等取引以外の取引に係るもの」で、同第4項の「一般に公正妥当と認められる会計処理の基準に従って計算される」と規定されています。

○会社法

（取締役等の特別背任罪）

第960条　次に掲げる者が、自己若しくは第三者の利益を図り又は株式会社に損害を加える目的で、その任務に背く行為をし、当該株式会社に財産上の損害を加えたときは、10年以下の懲役若しくは1,000万円以下の罰金に処し、又はこれを併科する。

一　発起人
二　設立時取締役又は設立時監査役
三　取締役、会計参与、監査役又は執行役

（役員等の株式会社に対する損害賠償責任）

第423条　取締役、会計参与、監査役、執行役又は会計監査人（以下この節において「役員等」という。）は、その任務を怠ったときは、株式会社に対し、これによって生じた損害を賠償する責任を負う。

2　取締役又は執行役が第356条第1項（第419条第2項において準用する場合を含む。以下この項において同じ。）の規定に違反して第356条第1項第一号の取引をしたときは、当該取引によって取締役、執行役又は第三者が得た利益の額は、前項の損害の額と推定する。

3　第356条第1項第二号又は第三号（これらの規定を第419条第2項において準用する場合を含む。）の取引によって株式会社に損害が生じたときは、次に掲げる取締役又は執行役は、その任務を怠ったものと推定する。

一　第356条第1項（第419条第2項において準用する場合を含む。）の取締役又は執行役
二　株式会社が当該取引をすることを決定した取締役又は執行役
三　当該取引に関する取締役会の承認の決議に賛成した取締役（委員会設置会社においては、当該取引が委員会設置会社と取締役との間の取引又は委員会設置会社と取締役との利益が相反する取引である場合に限る。）

（株式会社に対する損害賠償責任の免除）

第424条　前条第1項の責任は、総株主の同意がなければ、免除することができない。

3 名義株の監査ポイント

```
関係法人の創業者      発起人設立        名義株
発起人名義で資本金払込  （名義借り）

  配当還元方式による株式譲渡は  ☆  名義株では？

西武鉄道　コクドの保有株を個人名義株に仮装
読売新聞記事　　上場企業でも名義株？　上場廃止
```

　旧商法時代の法人設立には、発起人設立という簡易な設立手法がありました。資金があっても発起人を集めなければ、法人を設立できなかったのです。いわゆる「名義借り」の発生する所以です。後の「ワンマン経営」といわれる会社に多かったと思われますが、法人の設立届を提出する際に、定款や発起人会議録を提出しています。中小企業においては、株券発行や株主名簿の記帳を行っていない企業も多く、株主総会も議事録作成だけの会社もあります。

　問題は、法人税の申告の際、別表二表の株主欄の記載の仕方です。設立当初に持株を訂正しておくことは、税務上何の問題もないのですが、法人に内部留保金が蓄積されると、株式異動には課税上の問題が発生するため、そのまま現在に至っているケースも多いと思われます。

　上記の上場企業においても名義株が存在していました。これらの名義株は、別掲新聞記事によりますと、国税局の法人税調査で元オーナー個人の持株を分散していたと認定されています。

　名義株の監査ポイントは、被相続人が、関係法人の創業者でなかったかを確認することです。創業者ですと、設立当初の発起人名義の株式は、名義株である可能性も高く、設立当初からの株の異動や配当金の支払状況、株主総会への出席状況等のチェックと相続人への確認が必要です。名義株でなければ、適正な価格での買取りが必要になります。

> 事 例

- S鉄道株の名義偽装事件で、証券取引法違反（有価証券報告書の虚偽記載、インサイダー取引）の罪に問われたK社前会長T被告の判決が2005年10月、東京地裁であり、裁判長はT被告に懲役2年6月、執行猶予4年、罰金500万円（求刑・懲役3年、罰金500万円）を言い渡した。同法の虚偽記載の罪に問われたS鉄道は罰金2億円（求刑・罰金2億円）、インサイダー取引の罪に問われたK社は罰金1億5,000万円（同1億5,000万円）。T被告らは初公判で起訴事実を認めていた。
- 起訴状などによると、T被告はS鉄道元社長（自殺）と共謀し、2004年6月、S鉄道の同年3月期の有価証券報告書に、K社が実際には同鉄道の株式の64.83％を保有していたのに、43.16％と過少に記載して関東財務局長に提出。同年9月には、取引先に虚偽記載を説明せず、K社が保有するS鉄道株1,866万株を取引先10社に約216億5,800万円で売却した。S鉄道は同年10月、虚偽記載を公表し、T被告がグループの全役職を辞任した。

- この問題で2006年6月、東京国税局は、役員らの名義株のうち約14％を同社元会長、T氏の実質保有分として認定した。国税局はSグループ各社の税務調査を実施した結果、K社側が36％としてきたT氏の保有率が実際には約50％だったと判断した。これに伴い、K社や傘下にあったS鉄道などを税法上の同族会社と認定。うち数社に対し、多額の利益を株主に配当しないで社内に残した場合に課税される「留保金課税」制度に基づき追徴課税した。
- Sグループの統括会社「Sホールディングス」は株主総会で、複数のグループ会社が申告漏れを指摘され、追徴税額は計約23億円に上ったと公表。この中に留保金課税分が含まれるとみられる。
- なお、Sホールディングスは「今回の認定はまったく承服できない」とし、グループ各社は課税処分を不服として異議を申し立てた。

4 決算書推移の監査ポイント

- 大局的な監査は、申告書の分析
- 決算書主要科目の推移表から問題点の把握
- ☆ 売上総利益率・営業利益率の変動
  税務調査は複数年度が対象
- ☆ 突出科目は、要監査項目

　法人税の税務監査の基本は申告書の分析です。税理士は3～5期分の推移表を打ち出して、最終年度はチェックしていると思います。

　税務調査は、少なくとも3年間は、調査対象です。そこで調査該当年度においては、過年度分についても再度チェックされることをお勧めします。その推移表の分析から売上総利益率や営業利益率の変動、それに各勘定科目の突出した科目を年度別に把握されて、問題がないかを確認されておけば安心です。

　例えば、下記の事例のように、売上が増加して、売上総利益率が低下しているケースなどは、調査の選定要素になります。

〈事例〉	H.16/6期	H.17/6期	H.18/6期
売上金額（単位千円）	500,000	600,000	700,000
売上総利益	122,500	153,600	143,500
売上総利益率	24.5%	25.6%	20.5%

　選定理由は、「売上が毎期1億円増加しているにもかかわらず、売上総利益が減少している。前年と同じ利益率であれば、179,200千円、3年平均の利益率（23.5%）であれば、165,200千円であるので、21,700～35,600千円の棚卸除外か架空仕入れが想定される」となります。

5 雑益・雑損失内訳書の監査ポイント

効率的な監査は、申告書の後ろから

雑益・雑損失等の内訳書　　**貸倒損失** 要チェック

臨時収入の全額課税は、企業にとって辛いもの

☆ **臨時収入に見合う特別損失を考える**

この考えられた特別損失が監査のポイント

　法人税申告書の効率的な監査は、申告書を後ろから見ることです。
① 雑益・雑損失等の内訳書に問題はないか
② 役員報酬に変動はないか
③ 個人借入金や個人仮受金が発生していないか
④ 未払金や買掛金・前受金等が急増していないか
⑤ ④が急増している場合、棚卸に連動しているか
⑥ 未払金や買掛金・前受金に長期間放置の取引先はないか

　特に「雑益・雑損失等の内訳書」は、異常取引が集約されており、調査対象選定の格好の勘定科目です。

　例えば、「高額役員保険を解約したところ5,000万円の雑収入があった」とすると、前年より法人所得は5,000万円増加するはずですが、申告所得は前年並み若しくは微増のケースが多いのです。この原因は、業績不振による保険金の解約か、節税対策として雑収入に見合う損失を計上している場合が多いからです。

　監査のポイントは、この「雑収入に見合う損失」が、「過度の節税」ではないかどうかを確認することです。特に、固定資産の売却損や除却損の計上は、利益調整に利用されやすい科目です。売却損の相手先や除却損の日付確認が争点となりやすいので、取引の必要性や日付確定の写真を残しておかれることをお勧めします。

6 役員報酬手当等内訳書の監査ポイント

```
役員給与・役員退職金 ⇒⇒ 株主総会で承認
定期同額・過大役員給与・過大役員退職金

☆ 相続税対策の役員退職金  オーナー役員の分掌変更

みなし役員規定  法人税法施行令第7条・第71条1項5号

非常勤役員  勤務実績がない場合は ☆ 架空役員給与？
```

　調査で問題となるのは、相続税基準年度の役員退職金の損金算入です。相続税節税スキームの教示どおり、退職金を支給して法人所得を少なくし、株価評価を下げている場合です。法人税基本通達9－2－23（役員の分掌変更等の場合の退職給与）では、役員退職金の損金算入が認められる場合の例示をしています。

　問題は、例示の「(3)　分掌変更後にかかる給与が激減（おおむね50％以上の減少）したこと」の適用です。オーナー株主であった社長が、平取締役になって給与を50％以上減額した場合、役員退職金を損金算入できるか、ということです。同通達逐条解説によると、「ただし、同族会社等の悪用が考えられるので、実質経営者やオーナー株主については適用しないこととし、課税上の弊害を防ぐこととしている」と解説されています。この解説は、法人税法施行令第71条1項5号の規定から、同族株主は、実質経営者との判断からきています。

　税務監査のポイントは、役員退職金決定の取締役会や株主総会の議事録・過大役員給与それに同族株主等の例外規定に該当していないかを確認することです。また、非常勤役員についても、勤務実態や支給形態から架空役員給与と認定されるケースもありますので、形式だけではなく勤務実績まで確認されることをお勧めします。

○法人税基本通達

(役員の分掌変更等の場合の退職給与)

9－2－32　法人が役員の分掌変更又は改選による再任等に際しその役員に対し退職給与として支給した給与については、その支給が、例えば次に掲げるような事実があったことによるものであるなど、その分掌変更等によりその役員としての地位又は職務の内容が激変し、実質的に退職したと同様の事情にあると認められることによるものである場合には、これを退職給与として取り扱うことができる。

(1)　常勤役員が非常勤役員(常時勤務していないものであっても代表権を有する者及び代表権は有しないが実質的にその法人の経営上主要な地位を占めていると認められる者を除く。)になったこと。

(2)　取締役が監査役(監査役でありながら実質的にその法人の経営上主要な地位を占めていると認められる者及びその法人の株主等で令第71条第1項第五号《使用人兼務役員とされない役員》に掲げる要件のすべてを満たしている者を除く。)になったこと。

(3)　分掌変更等の後におけるその役員(その分掌変更等の後においてもその法人の経営上主要な地位を占めていると認められる者を除く。)の給与が激減(おおむね50%以上の減少)したこと。

　　(注)　本文の「退職給与として支給した給与」には、原則として、法人が未払金等に計上した場合の当該未払金等の額は含まれない。

○法人税法施行令

(役員の範囲)

第7条　法第2条第15号(役員の意義)に規定する政令で定める者は、次に掲げる者とする。

一　法人の使用人(職制上使用人としての地位のみを有する者に限る。次号において同じ。)以外の者でその法人の経営に従事しているもの

二　同族会社の使用人のうち、第71条第1項第五号イからハまで(使用人兼務役員とされない役員)の規定中「役員」とあるのを「使用人」と読み替えた場合に同号イからハまでに掲げる要件のすべてを満たしている者で、その会社の経営に従事しているもの

○法人税施行規則

(使用人兼務役員とされない役員)

第71条　法第34条第5項（使用人としての職務を有する役員の意義）に規定する政令で定める役員は、次に掲げる役員とする。

一　代表取締役、代表執行役、代表理事及び清算人
二　副社長、専務、常務その他これらに準ずる職制上の地位を有する役員
三　合名会社、合資会社及び合同会社の業務を執行する社員
四　取締役（委員会設置会社の取締役に限る。）、会計参与及び監査役並びに監事
五　前各号に掲げるもののほか、同族会社の役員のうち次に掲げる要件のすべてを満たしている者

　イ　当該会社の株主グループにつきその所有割合が最も大きいものから順次その順位を付し、その第1順位の株主グループ（同順位の株主グループが2以上ある場合には、そのすべての株主グループ。以下この号イにおいて同じ。）の所有割合を算定し、又はこれに順次第2順位及び第3順位の株主グループの所有割合を加算した場合において、当該役員が次に掲げる株主グループのいずれかに属していること。

　　(1)　第1順位の株主グループの所有割合が100分の50を超える場合における当該株主グループ
　　(2)　第1順位及び第2順位の株主グループの所有割合を合計した場合にその所有割合がはじめて100分の50を超えるときにおけるこれらの株主グループ
　　(3)　第1順位から第3順位までの株主グループの所有割合を合計した場合にその所有割合がはじめて100分の50を超えるときにおけるこれらの株主グループ

　ロ　当該役員の属する株主グループの当該会社に係る所有割合が100分の10を超えていること。
　ハ　当該役員（その配偶者及びこれらの者の所有割合が100分の50を超える場合における他の会社を含む。）の当該会社に係る所有割合が100分の5を超えていること。

7 借入金・仮受金内訳書の監査ポイント

> **簿外資金の導入は、個人借入金・仮受金？**
> 過去の調査事例から不正資金の導入が多い
>
> **個人借入金・仮受金は導入原資の確認**
>
> ☆ **監査ポイント** ⇒ **個人預貯金の確認**
>
> ⇒ **返済不能の借入金** 債務免除のチェック
>
> ⇒ **前受金は売上の繰延？** 未成工事支出金に連動

　借入金・仮受金の内訳書で特に問題となるのが、個人からの資金導入です。例えば、Aからの個人借入金が、1,000万円新規発生したとします。調査官の習性として、

① Aは実在するのか？
② Aの収入から1,000万円を捻出できるのか？
③ 導入資金は現金なのか、振り込みなのか？
④ この1,000万円は、法人の簿外資金の導入ではないのか？
⑤ 導入銀行への銀行調査を実施して資金の流れを確認

といった疑問点や調査展開を考えています。

　これらの調査ストーリーに対抗するには、代表者の協力を得なければ解決しない問題も含んでいます。

　監査ポイントは、個人借入金や個人仮受金が新規発生している場合、金銭の消費貸借契約書や資金導入の経緯、返済計画などの関係書類をチェックすることです。また、代表者から導入原資の預金口座の提示があれば、発生原資が確認できるので安心です。

　長期返済不能の借入金は、債務免除のチェックも必要です。

8 買掛金（未払金・未払費用）内訳書の監査ポイント

> 利益調整の代表格は架空原価の計上
>
> 期末の架空原価は、架空債務の計上
>
> 架空原価のもう一つの顔は ☆ 架空買掛金・架空未払金

　監査ポイントは、未払金や買掛金の内訳書に架空負債が導入されていないかをチェックすることです。そのコツは、

① 　一見の取引先の新規発生はないか？
② 　ラウンド数字の相手先はないか？
③ 　長期にわたって支払のない取引先はないか？
④ 　①〜③に該当する場合は、その取引先は実在するか？
⑤ 　物の動きが確認できるか？

といった手順でチェックすれば、問題の有無が判明します。

　例えば、期末に1,000万円の架空外注費を計上した場合の仕訳は、

（借方）外注費　1,000万円　／　（貸方）未払金　1,000万円

です。この一枚の伝票を入れることによって、税金が約400万円減少します。調査官は、これらの不正作為を想定して、買掛金や未払金の内訳書を眺めています。

　いま一つの監査ポイントは、内訳書の三期分を相手先ごとに時系列に並べて確認することです。架空外注費の多くは、一見取引先です。上記のような事例では、三期分の外注先ごとに金額を入れてみると、新規発生の取引先が把握されます。その新規取引先の関係書類から、物の動きや決済の状況をチェックされることをお勧めします。特に、一見取引先の物の動きを確認して、原価算入に不自然さはないか、未成工事支出金（棚卸）等に連動しているかを確認できれば安心です。

9 棚卸資産内訳書の監査ポイント

```
棚卸資産の内訳書    不正発見NO.1
 相関関係にあるので連動する
前受金 ＋ 買掛金 ＋ 未払金 ＝ 棚卸？
☆ 期末仕入 ⇒ 売上確認 ⇒ 在庫確認 ⇒ 棚卸除外
```

　税務調査で、不正所得や申告漏れとして把握される割合が高いのは、棚卸除外や棚卸計上もれです。利益調整の手段としては、従業員等にも気付かれず棚卸原票一枚外すことでできるからです。その反面、買掛金や未払金・前受金と連動しているため、調査による把握割合も格段に高くなっています。

　例えば、買掛金が前年度より5,000万円増加したとします。調査官は、当然在庫も増加しているものとして、棚卸資産の内訳書を眺めます。棚卸しの増加が、2,000万円であれば、売掛金の増加状況も勘案しますが、3,000万円の問題点を抽出したことになります。調査着手後の調査展開も、前年より5,000万円増加した仕入先の商品の動きを重点的に調べられます。

　監査のポイントは、買掛金や未払金・前受金の増加額と、棚卸金額の増加額とを比較して検討することです。上記事例の場合では、その原因となっている仕入先や外注先の請求書を分析して、問題のないことが確認できれば安心です。

　前受金は、通常出来高払いであり、前受金に対する未成工事支出金と連動しています。また、検収が済んでいるにもかかわらず、追加工事があることで、売上げに計上していないケースもあります。前受金が多額な場合は、関係書類をチェックして未成工事支出金との連動を確認されることをお勧めします。

第6章

総合調査からみた所得税・贈与税等の監査ポイント

1 被相続人の所得税の監査ポイント(1)「生涯所得」

> 相続財産は、被相続人の申告所得の積み重ね
> 申告所得－税金・生活費＝可処分所得
> ☆ 可処分所得×生涯年数＝相続財産
> 相続財産の異常増減は、所得税と贈与税対象

　総合調査の調査権限は、全税目に及んでいます。特に、相続財産と個人の申告所得は密接に連動しています。

　被相続人の各年度の申告所得から、税金や生活費を控除した可処分所得の積み重ねが相続財産になります。例えば、直近5年間、毎年5,000万円の申告所得として計算します。国税や地方税は、国税32％、県市民税11.8％の計43.8％の約2,200万円となります。社会保険料や生活費等を約1,000万円と仮定すると、可処分所得は、約1,800万円となります。この金額に5年分を掛けると約9,000万円になります。

　亡くなるまでの5年間に土地や建物等の不動産取得がない場合は、計算上9,000万円程度の金銭債権が残っている計算になります。この手法が、所得税の申告をP/Lと見る考え方です。

　監査のポイントは、個人の所得税申告書から、5年分程度の可処分所得（P／L）と相続財産である金融資産（B／S）を年度別に推移表を作成して検討することです。上記の推移表で、1年間に2,000万円以上の預貯金が増加している場合は、所得税の観点から、また、増加がない場合や減少している場合は、贈与税の観点から検討されることをお勧めします。

　是正処理が必要な場合は、調査で指摘される前の修正申告が望まれます。

2 被相続人の所得税の監査ポイント(2)「譲渡所得」

> 土地・建物・株式等の譲渡所得は、要チェック
>
> ☆ 譲渡代金と相続財産の預貯金等との突合
>
> 急増するタンス預金（不明出金は現金認定？）

　個人の申告所得で注意を要するのは、被相続人の不動産や株式の譲渡所得です。不動産や非上場の株式であれば、前述した有利な評価方法がありますが、それらを譲渡すれば金銭債権になり節税対策が取れません。　そこで利用されるのが、現金出金による形跡の遮断です。

　注意すべき点は、国税通則法第70条第1項の規定により、所得税や相続税の時効は3年ですが、同条第5項の規定により、偽りその他不正の行為の時効は、7年間となっていることです。7年間現金のままで保管しておくことはなかなかむずかしく、いずれ何かの資産に変換されるのを気長に国税当局は待っているわけです。

　監査のポイントとしては、譲渡代金の流れ図を作成して、譲渡代金が相続財産に連動していることを確認することです。

　また、途中で現金出金で消えてしまっている場合は、「調査では、タンス預金と認定されるおそれがある」と説得し、資金の流れを確認することも必要です。

国税庁相続税の調査事績（平成18年度分）

○調査に基づく申告漏れ相続財産額の構成比は、現金・預貯金等が35.6％（対前事務年度1.9ポイントの減少）で最も高く、有価証券21.0％（同4.3ポイントの増加）、土地16.7％（同2.2ポイントの減少）の順となっている。

〔参考〕調査に基づく申告漏れ相続財産額の種類別内訳（構成比）（億円、％）

種類	土地	家屋	有価証券	現金・預貯金等	その他	合計
財産額 （構成比）	674 (16.7)	73 (1.8)	848 (21.0)	1,440 (35.8)	1,009 (24.9)	4,044 (100.0)

● 申告漏れの態様としては、多額の現金や公社債を自宅等に隠匿するケースや預貯金が借名名義であること、また財産の所在が海外であることを悪用して申告から除外するケースなどが見受けられた。

○国税通則法

（国税の更正、決定等の期間制限）

第70条

5　偽りその他不正の行為によりその全部若しくは一部の税額を免れ、若しくはその全部若しくは一部の税額の還付を受けた国税（当該国税に係る加算税及び過怠税を含む。）についての更正決定等又は偽りその他不正の行為により当該課税期間において生じた純損失等の金額が過大にあるものとする納税申告書を提出していた場合における当該申告書に記載された当該純損失等の金額（当該金額に関し更正があつた場合には、当該更正後の金額）についての更正は、前各項の規定にかかわらず、次の各号に掲げる更正決定等の区分に応じ、当該各号に定める期限又は日から7年を経過する日まで、することができる。

一　更正又は決定　その更正又は決定に係る国税の法定申告期限（還付請求申告書に係る更正については、当該申告書を提出した日）

二　課税標準申告書の提出を要する国税に係る賦課決定　当該申告書の提出期限

3 被相続人の所得税の監査ポイント(3)「不動産所得」

> 節税対策の代表格は、賃貸不動産の取得
>
> 不動産所得の貸借対照表は、
>
> ☆ 節税対策のバロメーター

　相続税の節税対策の代表格は、賃貸不動産の取得です。そのバロメーターが、不動産所得の貸借対照表です。

　例えば、前項の譲渡代金が5億円とすれば、その資金で、賃貸物件として土地2億円、建物3億円で取得します。土地の路線価は、約0.8掛けの約1.6億円、その価格から借地権割合の3割の借家権割合を控除できます。

　　土地1.6億円×（1－借地権割合0.6×借家権割合0.3×賃貸割合1.0）＝1,312億円

　土地の節税額は、

　　2億円－1億3,120万円＝6,880万円

　建物は、固定資産税評価額を取得価格の6割とすると、

　　3億円×0.6＝1億8,000万円

　その価格から借家権割合3割を控除できます。

　　建物1.8億円×（1－借家権割合0.3×賃貸割合1.0）＝1億2,600万円

　建物の節税額は、

　　3億円－1億2,600万円＝1億7,400万円

　節税額の合計額は、

　　土地6,880万円＋建物1億7,400万円＝2億4,280万円（48.56％）

　これらの節税対策が可能なのも、財産評価通達が所得税法を超越しているからです。

　監査のポイントは、これらの節税対策に調査が入ることを前提として、関係書類をチェックすることです。

4 被相続人の所得税の監査ポイント(4)「事業所得」

> 事業所得の青色申告決算書と相続税
> ☆ 損益計算書の留意点は、営業権
> ☆ 貸借対照表の留意点は、事業主貸勘定の急増
> ⇒⇒⇒ 相続財産の隠ぺい行為？

　個人の決算書の分析は、法人税の決算書の分析と基本的には同じですが、相続税と連動してみる場合は、営業権という無形固定資産と事業主貸勘定に留意する必要があります。

　個人の決算書の推移で調査官の目に付くのは、事業主貸勘定の急増です。通常事業主貸勘定は、所得税や県市民税・社会保険料・保険料・生活費ですが、相続税対策で現金出金を事業主貸勘定で処理しているケースがあります。

　税務監査のポイントとしては、異常な現金出金の有無と営業権の計上有無をチェックすることです。

　個人の事業所得だけで相続税の申告を要する納税者は非常に限られますが、そのような事業所得がある場合には、相続財産としては無形の営業権の検討も必要です。

> ○財産評価通達
> （営業権の評価）
> 165　営業権の価額は、次の算式によって計算した価額と課税時期を含む年の前年の所得の金額（営業権の価額が相当高額であると認められる著名な営業権については、その所得の金額の３倍の金額）とのうちいずれか低い金額に相当する価額によって評価する。

平均利益金額×0.5－企業者報酬の額－総資産価額 ×営業権の持続年数（原則として、10年とする。）に応ずる基準年利率＝超過利益金額

超過利益金額×上記の営業権の持続年数に応ずる基準年利率による複利年金原価率＝営業権の価額

5 贈与税申告書の監査ポイント

> 贈与税の申告は、相続税の節税対策？
> ☆ 公正証書の確定日付　　贈与の事実は？
> ☆ 贈与契約の成立は、受領者の受諾が条件
> 民法第549条　第550条

　贈与税の申告書は通常贈与を受けた本人がするものですが、現実は贈与者本人が申告しているケースもあります。その理由は、相続財産の分散です。特に、受贈者が未成年の場合には、親権者が行うことになりますが、親権者にも内緒の場合もあります。

　また、受贈者が成人で内緒の場合には、確定日付を得るために、公正証書による金銭の贈与契約もあります。民法に規定する贈与は、「自己の財産を無償で相手方に与える意思を示し、相手方がそれに受諾することによって成り立つ片務・諾成・無償の契約である。」（民法第549条）と規定されています。

　また、「書面によらない贈与は、いつでも撤回できるが、履行の終わった部分については、撤回出来ない。」（民法第550条）と規定されています。

　監査のポイントは、公正証書による贈与や贈与税の申告があっても、受贈者がその事実を認識しているかを確認することです。

　例えば、「祖父Aが、孫名義Cに毎年200万円預金しているが、親権者Bにも内緒である。贈与税の申告は、子供C及び親権者B名義で祖父Aが行い、贈与税もAが負担している。当然、同預金もAが管理している。祖父としては、孫Cが結婚する時に、持参金として持たせる予定であったが、突然に亡くなった」とした場合、同預金は、贈与税の申告をしていても、贈与の事実がないため名義預金として相続財産と判断されるおそれがあります。

○民法
(贈与)
第549条　贈与は、当事者の一方が自己の財産を無償で相手方に与える意思を表示し、相手方が受諾をすることによって、その効力を生ずる。

(書面によらない贈与の撤回)
第550条　書面によらない贈与は、各当事者が撤回することができる。ただし、履行の終わった部分については、この限りでない。

(贈与者の担保責任)
第551条　贈与者は、贈与の目的である物又は権利の瑕疵又は不存在について、その責任を負わない。ただし、贈与者がその瑕疵又は不存在を知りながら受贈者に告げなかったときは、この限りでない。
2　負担付贈与については、贈与者は、その負担の限度において、売主と同じく担保の責任を負う。

(定期贈与)
第552条　定期の給付を目的とする贈与は、贈与者又は受贈者の死亡によって、その効力を失う。

(負担付贈与)
第553条　負担付贈与については、この節に定めるもののほか、その性質に反しない限り、双務契約に関する規定を準用する。

(死因贈与)
第554条　贈与者の死亡によって効力を生ずる贈与については、その性質に反しない限り、遺贈に関する規定を準用する。

6 創業者利得分散スキームの監査ポイント

- 上場企業の後継者に多額の株式保有
- 創業者利得の分散手法は合法的か？
- ☆ 返済不能の借入金で株式取得
  - 創業者からの借入　連帯保証　株券担保
- ☆ 上場後の創業者利得で返済、贈与税対象？

　上場企業において創業者以外の後継者等が多額の株式を保有している状況が、四季報に掲載されています。その仕組みは、

① 第三者割当増資に後継者等を指名する。
② 創業者から後継者等の所得では返済不能の多額な借入金を発生させる。
③ 第三者割当増資（非上場株式の評価）を実行する。
④ 上場前に株式分割を実施する。
⑤ 上場後に株式の一部を売却して、創業者利得で返済不能の借入金を返済する。
⑥ 資金ゼロから手元に多額の株式が転がり込む。

というスキームです。

　以上の手順で、第三者割当増資すれば、上場後の創業者利得を一見合法的に分散することができます。

　監査ポイントは、後継者等の収入から判断して返済可能額を超える借入金で購入した株式がないかを確認することです。返済可能額を超える借入金で購入した株式は、返済後の持ち株が、創業者からの贈与と認定される恐れも残っています。返済が滞っている場合も、相続税基本通達9－10（無利子の金銭貸与等）の規定にのより「みなし贈与規定」が適用されるおそれがあります。

(無利子の金銭貸与等)
9－10　夫と妻、親と子、祖父母と孫等特殊の関係がある者相互間で、無利子の金銭の貸与等があった場合には、それが事実上贈与であるのにかかわらず貸与の形式をとったものであるかどうかについて念査を要するのであるが、これらの特殊関係のある者間において、無償又は無利子で土地、家屋、金銭等の貸与があった場合には、法第9条に規定する利益を受けた場合に該当するものとして取り扱うものとする。ただし、その利益を受ける金額が少額である場合又は課税上弊害がないと認められる場合には、強いてこの取扱いをしなくても妨げないものとする。

○**相続税法**
(みなし贈与課税)
第7条　著しく低い価額の対価で財産の譲渡を受けた場合においては、当該財産の譲渡があつた時において、当該財産の譲渡を受けた者が、当該対価と当該譲渡があつた時における当該財産の時価との差額に相当する金額を当該財産を譲渡した者から贈与（当該財産の譲渡が遺言によりなされた場合には、遺贈）により取得したものとみなす。

7 トリプル課税の監査ポイント

```
個人⇒法人へ贈与・低額譲渡    トリプル課税の脅威
☆ 個人＝みなし譲渡  所得税法第59条
☆ 法人＝受贈益  法人税法第22条第2項
☆ 他の株主＝みなし贈与  相続税法第7条
   相続税基本通達9－2
```

　税務監査で一番注意しなければならないことは、一つの取引に対するトリプル課税の規定です。具体的には、個人が法人に対して、贈与や低額譲渡した場合などです。

　利益を受ける法人の課税は当然として、みなし譲渡課税は、実質所得がない贈与者や譲渡者に所得税が課税されます。また、みなし贈与課税は、贈与契約のない他の株主にも課税するという大変酷な規定が存在します。実質課税の原則にも疑問が残ります。

　例えば、非上場企業のオーナー株主から2分の1以下の価格で自社株を買取ったケースを考えてみましょう。純資産価格10億円、類似業種比準価格2億円、資本金相当額2,000万円として、法人が2億円で自社株を買い取ったと仮定します。

① みなし譲渡所得課税（所得税法第59条）　時価10億円－2億円＝8億円
　　（他に2億円－2,000万円＝1.8億円のみなし配当課税）
② 法人受贈益（法人税法第22条第2項）　時価10億円－2億円＝8億円？
　　（資本取引に受贈益課税は馴染まないと考えている）
③ みなし贈与課税（相続税法第7条、相続税基本通達9－2）
　　　時価10億円－2億円＝8億円（実額は、株式評価の増加額）

　法人が個人から資産を取得する場合の監査ポイントは、贈与による取得を避

けるとともに適正価格をチェックすることです。今後は会社による株式の買取りが増加すると思いますが、トリプル課税は、結果として突然に指摘されますので、最低でも時価の2分の1以上の価格であることを確認されるとよいでしょう。

○所得税法
(贈与等の場合の譲渡所得等の特例)
第59条　次に掲げる事由により居住者の有する譲渡所得の基因となる資産の移転があつた場合には、その者の山林所得の金額、譲渡所得の金額又は雑所得の金額の計算については、その事由が生じた時に、その時における価額に相当する金額により、これらの資産の譲渡があつたものとみなす。
　一　贈与（法人に対するものに限る。）又は相続（限定承認に係るものに限る。）若しくは遺贈（法人に対するもの及び個人に対する包括遺贈のうち限定承認に係るものに限る。）
　二　著しく低い価額の対価として政令で定める額による譲渡（法人に対するものに限る。）

○所得税法施行令
(時価による譲渡とみなす低額譲渡の範囲)
第169条　法第59条第1項第二号（贈与等の場合の譲渡所得等の特例）に規定する政令で定める額は、同項に規定する山林又は譲渡所得の基因となる資産の譲渡の時における価額の2分の1に満たない金額とする。

○所得税基本通達
(株式等を贈与等した場合の「その時における価額」)
59－6　法第59条第1項の規定の適用に当たって、譲渡所得の基因となる資産が株式（株主又は投資主となる権利、株式の割当てを受ける権利、新株予約権及び新株予約権の割当てを受ける権利を含む。以下この項において同じ。）である場合の同項に規定する「その時における価額」とは、23～35共－9に準じて算定した価額による。この場合、23～35共－9の(4)ニに定める「1株又は1口

当たりの純資産価額等を参酌して通常取引されると認められる価額」とは、原則として、次によることを条件に、昭和39年4月25日付直資56・直審（資）17「財産評価基本通達」（法令解釈通達）の178から189－7まで（（取引相場のない株式の評価））の例により算定した価額とする。
(1) 財産評価基本通達188の(1)に定める「同族株主」に該当するかどうかは、株式を譲渡又は贈与した個人の当該譲渡又は贈与直前の議決権の数により判定すること。
(2) 当該株式の価額につき財産評価基本通達179の例により算定する場合（同通達189－3の(1)において同通達179に準じて算定する場合を含む。）において、株式を譲渡又は贈与した個人が当該株式の発行会社にとって同通達188の(2)に定める「中心的な同族株主」に該当するときは、当該発行会社は常に同通達178に定める「小会社」に該当するものとしてその例によること。
(3) 当該株式の発行会社が土地（土地の上に存する権利を含む。）又は証券取引所に上場されている有価証券を有しているときは、財産評価基本通達185の本文に定める「1株当たりの純資産価額（相続税評価額によって計算した金額）」の計算に当たり、これらの資産については、当該譲渡又は贈与の時における価額によること。
(4) 財産評価基本通達185の本文に定める「1株当たりの純資産価額（相続税評価額によって計算した金額）」の計算に当たり、同通達186－2により計算した評価差額に対する法人税額等に相当する金額は控除しないこと。

○法人税法

（各事業年度の所得の金額の計算）

第22条　内国法人の各事業年度の所得の金額は、当該事業年度の益金の額から当該事業年度の損金の額を控除した金額とする。

2　内国法人の各事業年度の所得の金額の計算上当該事業年度の益金の額に算入すべき金額は、別段の定めがあるものを除き、資産の販売、有償又は無償による資産の譲渡又は役務の提供、無償による資産の譲受けその他の取引で資本等取引以外のものに係る当該事業年度の収益の額とする。

○法人税基本通達

（上場有価証券等以外の株式の価額）

9－1－13(4)　(1)から(3)までに該当しないもの　当該事業年度終了の日又は同日に最も近い日におけるその株式の発行法人の事業年度終了の時における1株当たりの純資産価額等を参酌して通常取引されると認められる価額

○相続税法（みなし贈与課税）

第七条　著しく低い価額の対価で財産の譲渡を受けた場合においては、当該財産の譲渡があつた時において、当該財産の譲渡を受けた者が、当該対価と当該譲渡があつた時における当該財産の時価との差額に相当する金額を当該財産を譲渡した者から贈与（当該財産の譲渡が遺言によりなされた場合には、遺贈）により取得したものとみなす。

○相続税法基本通達

（株式又は出資の価額が増加した場合）

9－2　同族会社の株式又は出資の価額が、例えば、次に掲げる場合に該当して増加したときにおいては、その株主又は社員が当該株式又は出資の価額のうち増加した部分に相当する金額を、それぞれ次に掲げる者から贈与によって取得したものとして取り扱うものとする。この場合における贈与による財産の取得の時期は、財産の提供があった時、債務の免除があった時又は財産の譲渡があった時によるものとする。（昭57直資7－177改正、平15課資2－1改正）

(1)　会社に対し無償で財産の提供があった場合　当該財産を提供した者

(4)　会社に対し時価より著しく低い価額の対価で財産の譲渡をした場合　当該財産の譲渡をした者

8 消費税申告書・源泉所得税の監査ポイント

> 消費税は、決算書に連動⇒審理で判明
> ①不課税取引⇒課税仕入　　労務費⇒外注費
> ☆　消費税と源泉所得税のダブルパンチ
> ②課税売上⇒非課（免）税売上
> ☆　消費税の還付は、要チェック
> ③源泉所得税の盲点は、現物給与

　消費税は、決算書の分析で問題があれば事前に把握されています。また、法人税や源泉所得税の調査に自動的に連動してきますので、基本的には、決算書のチェックでクリアできます。

　問題は、人件費や労務費を多額に要する企業です。人件費や労務費は、消費税法上不課税取引に該当しますので、課税仕入れの対象になりません。それに加えて、源泉徴収事務や社会保険料の負担も増加します。

　企業は、可能な限り外注費にしてコスト削減を目指します。しかし、調査官は、消費税や源泉所得税の重点調査項目としています。人件費や労務費を外注費に仮装していれば、消費税と源泉所得税のダブルパンチを受けることになります。

　消費税や源泉所得税の監査ポイントは、人件費や労務費と外注費の区分を確実に確認することです。両者の区分は微妙な部分もありますが、雇用契約に基づく労務の対価であるか、請負契約に基づく労務の対価であるかを総合的に判断しておくことです。

　特に、消費税の還付は調査対象になりやすいため、確実なチェックが必要で

す。また、源泉所得税の盲点は、代表者等の豪華社宅等の経済的利益に対して課税される現物給与の問題です。節税効果も大きいので、税理士が実際に確認する必要があると思われます。

○給与所得と事業所得の区分
　業務の遂行又は労務の提供から生じる所得が、雇用契約等に基づくもの（給与所得）であるか請負契約に基づくもの（事業所得）であるか明らかでない場合には、次の事項などを総合勘案して判定することになる。

判　定　要　素	給与所得	事業所得
①　当該契約の内容が他人の代替を容れるかどうか	他人の代替を容れない	他人の代替を容れる
②　仕事の遂行に当たり個々の作業について指揮監督を受けるかどうか	指揮監督を受ける	指揮監督を受けない
③　まだ引渡しを了しない完成品が不可抗力のため滅失した場合等において、その者が権利として報酬の請求をなすことができるかどうか	報酬を請求できる	報酬を請求できない
④　所得者が材料を提供するかどうか	提供しない	提供する
⑤　作業用具を供与されているかどうか	供与されている	供与されていない

事例　1
●長野地検は2005年11月、ダミー会社に仕事を外注したように装って消費税約3億円を脱税したとして、諏訪市の労働者派遣事業会社「D社」社長T、同市の税理士Kの両容疑者を、消費税法違反などの容疑で逮捕、関東信越国税局と合同で関係3か所を捜索した。
●調べによると、両容疑者は、2001年6月期～今年6月期の計5期にわたり、納付すべき消費税を過少申告して、消費税約3億1,214万円を免れた疑い。
●同社が得意先に労働者を派遣する際、実際は自社従業員を派遣したのに、県内

で登記したダミー会社5社に外注して派遣したように偽装。従業員に支払った給料を外注費に見せかけ、売上げにかかる消費税を脱税したほか、ダミー会社も、資本金1,000万円以下では設立後2年間は非課税となる消費税法の特例で納税を免れた。
- 調べに対し、両容疑者は「ダミー会社ではない」と容疑を否認しているという。
- D社は大手精密機器メーカーなどに、日系ブラジル人社員らを派遣。2004年6月期の売上高は約20億円。
- D社社長Tと税理士Kの両容疑者は長野地検の調べに対し、大筋で容疑を認めた。

事例 2
- 商品を輸出する際、国内で仕入れにかかった消費税が還付される制度を悪用し、消費税約2,300万円の不正還付を受けたとして、大阪地検特捜部は2007年7月、消費税法違反と地方税法違反の罪で、大阪市の繊維生地輸出会社「U社」のM社長を在宅起訴した。
- 起訴状によると、M被告は2004年4月から05年10月までの間、架空の輸出取引を装って国内の仕入れ額を水増し計上。計10回にわたり還付申告を行い、消費税と地方消費税計約2,290万円を不正に受け取った。

第7章

調査ノウハウからみた
監査ポイント

1 監査ポイント(1) 「不正のパターン」

> P/L＝収入除外・架空原価・棚卸除外・架空経費
> B/S＝簿外資産・架空負債・使途不明金・役員賞与
> ☆ 調査官は、不正パターンを熟知している
> 脱税パターンは同じ　柳の下にドジョウはいる

　税務調査で把握されている不正パターンは、下記のように概ねパターン化されており、税理士の指摘を無視する企業も多いのが現実ではないでしょうか。これらの企業には税務監査が通じないかもしれませんが、前述の内容やこれから述べる調査ノウハウを説明していただくことで、少しでも「過度の節税」に歯止めを掛けていただければ幸いです。

　法人税の代表的な所得隠しの手口（Ｐ／Ｌ）は、次のとおりです。
① 収入（売上や雑収入・営業外収益等）を除外する
② 架空の原価（仕入や外注費・労務費）や架空の経費を計上する
③ 棚卸を除外する
④ 私的費用を法人の経費に付け込む
⑤ 架空資産を計上し、架空の減価償却費を計上する

　Ｂ／Ｓとしては、簿外資産（現金・預貯金・棚卸・有価証券・貸付金等）や架空負債（買掛金・未払金・仮受金・借入金等）、役員賞与（個人的に費消）、交際費（使途不明金）、寄付金等々です。

　監査のポイントは、調査官は不正パターンを熟知していることを説明して、本音を聞くことです。それに加えて、申告書から見える問題点を解消することですが、売上除外、架空仕入、棚卸除外は、監査ポイント(2)の「３つの顔は同じ顔」で、また、架空人件費や架空減価償却は監査ポイント(5)「端緒は現場に」で説明します。

事例 1

- 東証1部上場の精密機器大手「S社」（長野県諏訪市）が取引先に試作部品を発注した際、元課長が発注額を水増しするなどして、取引先から約3,000万円をキックバックさせて着服していたことが、2006年6月、東京国税局の税務調査を受けて発覚した。
- S社の申告漏れ総額は、2005年3月期までの7年間に、このような水増し発注分を含めて約28億円、重加算税を含めた追徴税額（更正処分）は約9億円。
- S社によれば、元課長は1999年から02年にかけて、取引先に水増し発注するなどして支払った外注費約1億円の一部をキックバックさせた。元課長はすでに着服した分を同社に返済しており、同社は刑事告発しない方針。
- また、同国税局によって、この外注費が経費の架空計上による所得隠しと認定されたほか、経費の計上時期がずれるなどしていた点も指摘された。

事例 2

- 大手電機メーカー「N社」（東京都港区）が東京国税局の税務調査を受け、2006年3月期までの7年間で約22億円の所得隠しを指摘されたことが、2007年5月、わかった。
- 複数の社員が取引先に水増し発注させ、差額分を還流させるなどの手口で裏金を捻出していた。
- 他に経理ミスもあり、申告漏れの総額は約39億円に上った。N社は繰越欠損金があったため、追徴税は発生しなかった。裏金の総額は約5億円に上るといい、N社は、不正に加わった社員を業務上横領罪などで刑事告訴する方針。
- N社や関係者によると、不正に関与していたのは事業部長級の幹部2人を含む10人で、ソフトウエアの保守管理など5件の作業をめぐり、複数の子会社に対し、下請け業者へ架空や水増し請求を指示していた。計約22億円の契約の中から差額分の約5億円について、子会社を通しリベートとしてキックバックさせていた。不正は99年ごろから始まっていた。
- 裏金は、関与していた社員が私的な飲食などに使っており、同国税局は、これらの契約について経費計上を認めず、交際費と認定した。また、10人は社内5部門に所属し、それぞれ個別に裏金作りを企てており、組織的に行われたもの

ではないとしている。

事例 3

- プラントエンジニアリング大手「C社」（横浜市）が、2006年3月期までの4年間に計約8億7,000万円の所得隠しを東京国税局から指摘されていたことが、2007年7月、わかった。
- 国内外で受注した液化天然ガス（LNG）プラント工事を巡って支出した費用のうち、約7億円が受注工作費と認定され、経費として認められなかったもの。経理ミスも含めた申告漏れは約30億円で、重加算税を含め8億数千万円を追徴課税（更正処分）された。
- 同社は01年と02年、中東のカタールにあるLNGプラントの増設工事を計約1,250億円で受注した際、設計業務をギリシャの建設会社に約4億円で発注した。しかし同国税局は、建設会社に業務の実態はなく、この発注費は経費と認められない「交際費」にあたると判断した。岡山県内の中国電力系のLNG受け入れ基地建設工事で、コンサルタント会社に支払った約3億円も交際費と認定された。

2 監査ポイント(2)「3つの顔は同じ顔」

売上除外 ・ 架空仕入 ・ 棚卸除外

申告書の上では　売上総利益は同じ

調査ノウハウ ☆　3つの顔は同じ顔

売上除外・架空仕入・棚卸除外は、どこで行われても、売上総利益は同じです。

例　500万の除外を想定してみると

	基準値	売上除外	架空仕入	棚卸除外
売上	10,000万	9,500万	10,000万	10,000万
期首棚卸	1,000	1,000	1,000	1,000
仕入	8,000	8,000	8,500	8,000
期末棚卸	1,000	1,000	1,000	500
売上総利益	2,000	1,500	1,500	1,500
売上総利益率	20%	15.8%	15%	15%

この考え方が、調査ノウハウ「3つの顔は同じ顔」です。監査のポイントは、月別試算表から次の手順でチェックすることです。

① 利益率の低い異常月を特定して、不審な仕入をチェック
② その仕入が期中に売上に計上されているかをチェック
③ 売上に計上のない場合は、棚卸に計上されているかチェック
④ 棚卸に計上がある場合は、現物をチェック

棚卸の現物がなければ、売上除外か架空仕入が想定されます。通常の利益操作は、決算期末2～3か月の間に行われ、仕訳伝票も後から挿入されるのです。

3 監査ポイント(3)「木を見て森を見る」

1日	1週間	1か月	半年	1年
木 日計表		林 月別試算表		森 決算書

☆ 輪切調査法　　調査ノウハウ　　木を見て森を見る

　調査の基本は、日々の取引が正しく決算書に表現されているかどうかを確認することです。その効率的な調査手法が「木を見て森を見る」ことです。法人の日々の行為を「木」、月単位を「林」、年決算を「森」と見るのです。この調査手法は、主として小売業や卸売業に通じますが、日々の売上に対応する原価を比較して、日々の粗利益率を把握することです。

　このサンプル調査を1週間、1か月と積み上げていけば、1年になります。サンプルの日数にもよりますが、このサンプルの利益率が決算書の森の利益率と大きく違っていなければ、決算書は概ね正しいという判断になります。

　売上除外や架空原価・棚卸除外の発見するためには、この利益率と月別の利益率を比較します。作為があれば、問題月が把握できます。その問題月の原因を追究していけば、前項（監査ポイント(2)）で述べた手法により売上除外なのか、架空原価なのか、棚卸除外なのかが判明してきます。

　監査のポイントは、次の手順で検討することです。

① 日々の粗利益率というミクロ（木）から年粗利益率というマクロ（森）をチェックする。
② 月別の粗利益率というミニマクロ（林）とマクロ（森）を比較して、異常月（林）を絞り込む。
③ その絞り込んだ林から、1本1本の木を分析して、売上除外や架空仕入の有無をチェックする。

　この手法は、ポスシステムで売上管理と仕入管理が日々行われている業種には、効果的なチェック方法です。

4 監査ポイント⑷「数量計算は魔法の杖」

| 人の意志で | 物が動き | 金が動く |

形跡が残る

☆ 縦割調査法　調査ノウハウ　数量計算は魔法の杖

　財産評価方法にも評価を下げる「魔法の杖」がありましたが、法人税の調査においても「魔法の杖」があります。それが、「数量計算は、魔法の杖」と呼ばれる縦割調査法です。この手法は、商品ごとの縦割りの分析手法であり、年という森を、品目ごとの数量計算という縦割りの分析を加えることにより、林・木といった目視可能な分野まで拡大していくのです。問題があれば、その行為が見えてきます。全品目の数量計算は調査日数に制限があり不可能ですが、問題のありそうな商品や利益率の高い商品に的を絞り分析していきます。

　調査日現在の実在庫数量（A）を把握して、進行事業年度の仕入数量（B）と売上数量（C）を納品書や出荷伝票で確認していきます。

　　（A）－（B）＋（C）＝期末理論数量（D）

　この期末理論数量（D）と決算書に表現されている期末棚卸数量（E）とを比較すれば、一目瞭然です。

　（D）＝（E）　　棚卸数量に問題なし
　（D）＜（E）　　調査年度の架空仕入か進行年度の売上除外が想定される
　（D）＞（E）　　棚卸除外が想定される

　架空仕入や棚卸除外が想定された場合は、対象品目も広がり、調査年度も過年度へと調査の範囲が広がっていきます。

　監査のポイントは、商品受払簿の記帳を推奨されることです。商品受払簿のある企業の棚卸の信頼度は、格段に向上します。

　また、棚卸は調査で最も把握されやすい項目ですので、受払簿のない企業では、事業年度末2か月程度の仕入と在庫のチェックをお勧めします。

5 監査ポイント(5)「端緒は現場に」

```
[店舗・工場]      [原始記録]      [補助簿]    [元帳]
企業の実態は現場にある           経理部で作成

              調査ノウハウ  ☆ 端緒は現場に
```

調査の基本は、企業の実態を把握することです。
① 元帳から調査するのは、初心者の証明
② 帳簿調査は、原始記録との照合が基本
③ 原始記録は、現場にある
④ 端緒は、現場に

調査未経験者を指導する時に用いていた言葉です。

前項の「数量計算は、魔法の杖」の調査手法を実施するにしても、調査日現在の在庫を把握するには、現場に赴かなければなりませんし、仕入の納品書や売上の出荷伝票等の物の動きの原始記録は、現場に保管されていることが多いのです。現場に行かなければ確認できない事項は、

① 売上除外は、入荷した物が消えることであり、架空仕入は、物の動き（入荷）がない（例外業種もある）。
② 棚卸除外は、物の入荷はあるが、出荷がなく、現物がある。ただし、棚卸表からは削除されている。
③ 架空資産は、固定資産台帳に計上あるが現場にない。
④ 簿外資産は、現場にあるが固定資産台帳に計上がない。
⑤ 架空労務費は、給与は出ているが、現場に該当者はいない。

等々です。

監査のポイントは、原始記録から補助簿への流れの確認と実地に現場を確認することです。特に、期末直近の多額の仕入や機械等の購入は、指摘を受け易い項目ですので事前に確認されることをお勧めします。

6 監査ポイント(6)「数字には２つの顔がある」

```
           不正取引の８原則

    簿外資産の発生        収益の除外
  ☆ 架空原価等の計上    ☆ 架空負債の発生
  ☆ 架空負債の消滅      ☆ 帳簿資産の流出
    簿外資産の費消        簿外資産の減
```

　調査官は、「数字には２つの顔がある」と考えています。そのため、不正解明手法にも２つの方法があります。

　その１つは、Ｐ／Ｌ面からの調査であり、いま１つは、Ｂ／Ｓ面からの調査です。査察事件を立件する場合にも、「Ｐ／Ｌ立証・Ｂ／Ｓ立証」という用語が使われていました。また、不正所得の形態も、「Ｐ／Ｌは変わらないが、Ｂ／Ｓは変化する」という言い方もしていました。

　例えば、売上除外を想定してみると、売上除外という事実は変わりませんが、その相手科目は、簿外現金⇒簿外預貯金⇒架空借入金等の導入⇒簿外役員賞与（個人借入金の返済・個人的に費消）等々、時間の経過とともに変化することを言っています。

　監査のポイントはいろいろありますが、目に見える項目を確実にチェックすることです。特に、上記の不正取引８原則のうち、☆印の４つの取引は、関係書類が揃えられ、会計帳簿を通過しています。これらの関係書類は、一見取引や現金取引が多く、調査官がみれば一目瞭然の場合が多いのです。特に、法人税の勘定科目内訳書は、調査の選定材料になります。

　内訳書の取引先別に前３年程度の推移表を作成して、不審な取引先をチェックされることをお勧めします。

7 監査ポイント(7)「B／S調査の基本」

	不正資金　銀行　証券会社　貴金属店　百貨店
調査ノウハウ	B／S調査の基本　銀行調査
調査官は	簿外資産・架空負債の推移表
監査ポイントは ☆	個人資産の推移表を作成

　調査の基本の1つに、「銀行調査」と呼ばれる高度な調査手法があります。法人税法でいえば、第154条の反面調査権限に基づく調査ですが、時間と労力と根気のいる手法です。

　例えば前項で述べたような、不正取引をB／S面（個人資産の増減や簿外資産・架空負債・簿外資産の費消）から解明していく調査手法です。売上除外や架空仕入が把握された場合、その資金の流れや各決算期末・調査日現在の留保形態を把握する必要が生じます。

　銀行調査は、法人等の取引銀行や代表者個人の取引銀行等へ臨場して、法人名義や法人の代表者等の預貯金・借入金等の動きから不審な資金の動きを把握して、その資金の流れを解明していく作業です。また、資金使途の明らかでない現金出金は、現金保有とみなされ現金の流れを追究されます（現金の提示がない場合は、個人的に費消したとみなされ、法人税と役員賞与のダブルパンチの可能性が大きくなります。）。

　税務監査のポイントは、代表者との信頼関係を築かれて個人預金や個人借入金の返済状況、個人不動産の取得状況や有価証券の取引状況の提出を依頼して確認することです。代表者等からこれらの資料の提示があれば、事前のチェックができるので、調査があっても安心です。

○法人税法

第154条　国税庁の当該職員又は法人の納税地の所轄税務署若しくは所轄国税局の当該職員は、法人税に関する調査について必要があるときは、法人に対し、金銭の支払若しくは物品の譲渡をする義務があると認められる者又は金銭の支払若しくは物品の譲渡を受ける権利があると認められる者に質問し、又はその事業に関する帳簿書類を検査することができる。

○相続税法

（調書の提出）

第59条　次の各号に掲げる者でこの法律の施行地に営業所、事務所その他これらに準ずるものを有するものは、その月中に支払つた生命保険契約の保険金若しくは第3条第1項第一号に規定する損害保険契約の保険金のうち政令で定めるもの、支給した退職手当金等又は引き受けた信託について、翌月15日までに、財務省令で定める様式に従つて作成した当該各号に定める調書を当該調書を作成した営業所等の所在地の所轄税務署長に提出しなければならない。

一　保険会社等　支払つた保険金（退職手当金等に該当するものを除く。）に関する受取人別の調書

二　退職手当金等を支給した者　支給した退職手当金等に関する受給者別の調書

三　信託会社（信託業務を営む金融機関を含む。）　引き受けた信託（投資信託以外の信託で受益者と委託者とが同一人でない信託に限る。）に関する受益者別（第4条第2項第二号から第四号までに掲げる信託にあつては、委託者別）の調書

2　この法律の施行地に営業所又は事務所を有する法人は、相続税又は贈与税の納税義務者又は納税義務があると認められる者について税務署長の請求があつた場合においては、これらの者の財産又は債務について当該請求に係る調書を作成して提出しなければならない。

8 監査ポイント(8)「節税と脱税は紙一重」

調査ノウハウ ☆ 節税と脱税は紙一重

ミスと不正も紙一重

重加算税通達は、企業の防波堤

　納税者にとって、節税と脱税は天と地ほどの開きがありますが、調査官は、「節税と脱税は、紙一重」だと考えています。節税も脱税も作為行為であり「過度の節税」が、仮装隠ぺい行為と認定されているケースも多いのです。
　例えば、「Y新聞東京本社によると、輪転機を更新した際、古い機種について廃棄を前提に保管中だったにもかかわらず、すでに廃棄したものとして除却損を計上していた。社内の連絡ミスが原因という。こうした経理処理が同国税局に所得隠しと認定されたという」（産経新聞2007年4月30日（月））という記事がありましたが、決算期までに廃棄処分していたならば何も問題はないのです。
　法人税の重加算税通達に、「ミスと不正も紙一重」の基準を公表されています。帳簿書類の隠匿、虚偽記載等に該当しない場合として、
① 売上等の収入の計上を繰り延べている場合において、その売上等の収入が翌事業年度の収益に計上されていることが確認された場合
② 経費の繰上計上をしている場合において、その経費がその翌事業年度に支出されていることが確認された場合
③ 棚卸資産の評価換えにより過小評価をしている場合

等と例示されていますが、前文に「当該行為が相手方との通謀又は証憑書類等の破棄、隠匿若しくは改ざんによるもの等でないとき」という条件が付けられています。
　監査のポイントは、重加算税の賦課基準を十分研究して、重加算税が賦課さ

れることのないようなチェックシステムを構築することです。

　また、重加算税通達を「企業の防波堤」にする発想も必要ではないかと考えています。

事例 1

- Y新聞東京本社とグループ本社が東京国税局の税務調査を受け、2006年3月期までの5年間で法人所得計約4億7,900万円の申告漏れを指摘されたことが、2007年4月、わかった。このうち約1億8,600万円は悪質な所得隠しと認定され、追徴税額は重加算税を含めて約1億7,500万円に上る。
- Y新聞東京本社によると、東京本社が一部の輪転機を更新した際、古い機種について廃棄を前提に保管中だったにもかかわらず、すでに廃棄したものとして除却損を計上していた。社内の連絡ミスが原因という。こうした経理処理が同国税局に所得隠しと認定されたという。

事例 2

- 大手家電メーカー「S社」（大阪市）が大阪国税局の税務調査を受け、2005年3月期までの3年間に、計約8億円の申告漏れを指摘されていたことが、2006年6月、わかった。国税局は、うち約6億円を仮装・隠ぺいを伴う所得隠しと認定。重加算税を含め約3億円を追徴課税（更正処分）した。
- S社は、取引先から納入された部品の一部について、取引先は値引きしたとして経理処理していたのに、値引きを受けていない形で税務申告していた。
- S社は「決算期をまたがって値引き交渉しており、正式な伝票も受け取っていなかった」と説明したが、国税局は「値引きの時期を意図的に繰り延べた」と判断。これによって仕入れ経費を増やしたとみて、重加算税対象とした。
- また、S社が海外子会社に輸出した商品の一部について、国税局は「他の時期に比べ、販売価格が低い時期がある」と指摘。この期間の値下げ幅が子会社への寄付金にあたるとして、過少申告加算税対象とした。

9 監査ポイント(9)「租税回避と実質課税も紙一重」

調査ノウハウ ☆ **租税回避と実質課税も紙一重**

節税 法律上予定された行為

租税回避 税負担の軽減目的の経済的合理性に反する行為

実質課税の原則 経済的利益の実質的享受者に課税

　節税と租税回避は似て非なるものであり、租税回避行為は明らかに徴税権の侵害です。国税当局としては法の不備を改正して再発防止に努めることになりますが、当該行為に対しては、実質課税の原則を駆使して最大限の課税努力をしています。

　例えば、前述した「T前会長長男1,600億円申告漏れ　東京国税局」海外資産「実質相続税逃れ」(2005年3月5日（土）産経新聞）です。平成11年当時の相続税法では、海外居住者に対する海外資産の贈与には課税されない規定となっていました。その規定を利用した租税回避スキームでした。平成12年に相続税法を改正して日本国籍5年条項を導入して租税回避行為に歯止めをかけましたが、当該行為に対しては1,600億円という国税庁開設以来の多額な追徴課税に踏み切ったのです。

（新聞記事）　平成17年3月5日　　　国税局1,600億円贈与税の追徴課税
　　　　　　　平成19年5月23日　　　東京地裁　国側敗訴の判決
　　　　　　　平成20年1月23日　　　東京高裁　国側勝訴の判決

　「租税回避行為は合法な行為」と著名な大学教授が言っているように、一審では国側が敗訴しています。しかし、国税当局としては、「地裁の判断には疑問がある」として控訴し、東京高裁では逆転勝訴しています。

　この事案の結果は最高裁の判断に委ねられましたが、租税回避行為は、課税当局が更正処分に踏み切った場合に非常に大きなリスクを抱え込むことも事実

です。

○相続税法
（相続税の納税義務者）
第1条の3　次の各号のいずれかに掲げる者は、この法律により、相続税を納める義務がある。
　二　相続又は遺贈により財産を取得した日本国籍を有する個人で当該財産を取得した時においてこの法律の施行地に住所を有しないもの（当該個人又は当該相続若しくは遺贈に係る被相続人（遺贈をした者を含む。以下同じ。）が当該相続又は遺贈に係る相続の開始前5年以内のいずれかの時においてこの法律の施行地に住所を有していたことがある場合に限る。）

事例
● 消費者金融大手「T社」（東京都新宿区）のA前会長の長男で同社元専務、B氏が東京国税局の税務調査を受け、1999年12月にA前会長から海外法人を経由して贈与されたT社株、時価約1,600億円超について申告漏れを指摘されていたことが、2005年3月、わかった。
● 当時の税制では、海外に居住していれば海外資産の贈与は非課税だが、東京国税局は「実質的な生前贈与にあたり、将来発生する相続税逃れだ」として、B氏に追徴課税した。追徴税額は贈与税や無申告加算税を含め約1,300億円余で、個人の申告漏れ額としては過去最高。B氏側は税務署に異議申し立てなどを行った。
● A氏らは1998年3月ごろ、保有するT社株のうち約1,569万株を、A氏とその妻が設立したオランダの投資会社「Y社」に約1,000億円で売却。さらにA氏らは1999年12月、Y社の株式の約9割をB氏に贈与した。
● 1999年時の税法では、海外居住者が財産の贈与を受けた場合、国内財産にのみ課税されたが、B氏は当時、T社などが香港に設立した投資会社の社長として赴任しており、「オランダにある会社株式の贈与」だとして贈与税の申告をし

151

ていなかった。香港には贈与税がないため、香港でも税金を納めていなかったといい、B氏は贈与税を納めずに両親からT社株を生前贈与された形になった。
●しかし、税務調査の結果、B氏はT社の役員会に定期的に出席したりするなど、生活の拠点は国内にあったと判断。居住地が日本の場合、国外財産にも課税され、申告漏れとなった。また、贈与されたY社の株価については、当時のT社株の時価などから算出して、約1,600億円と認定された。

●消費者金融大手「T社」のA前会長夫妻から受けた外国法人株の贈与をめぐり、過去最高の約1,600億円に上る申告漏れを指摘され、贈与税など約1,300億円を課税された長男B氏が、2005年9月、課税処分取消しを求める訴えを東京地裁に起こした。

●消費者金融大手「T社」の故A元会長と妻が、1999年に長男のB氏に贈与した外国法人の株に対する約1,330億円の追徴課税処分をめぐり、B氏が処分取消しを求めた訴訟の判決が2007年5月、東京地裁であった。裁判長はB氏の請求を認め、国に課税処分の取消しを命じた。個人に対する追徴課税の取消し額としては、過去最高となった。
●B氏はすでに納税しており、課税取消しに伴う還付加算金（利息）は約130億円に上る。
●B氏が贈与を受けた当時の税法では、国内に住所がない場合は国外財産の贈与には課税されないと規定されていた。当時、B氏の住所は香港にあったが、国は「贈与税回避目的で外形的に香港にいただけで、生活実態の伴う住所は国内にあった」と主張。B氏の事実上の「住所」が国内にあったかが争点だった。
●裁判長は、B氏は贈与前後の3年半の間で、約65％を香港で生活しており、国内には26％程度しかいなかったことを認定し、「B氏は香港にいれば贈与税が課税されないことを認識していたと認められる」と、香港居住が課税回避目的だった可能性を指摘する一方、居住目的は事実上の住所を決めることに関して決定的な影響を与えないと判断した。

●消費者金融大手「T社」元会長の長男に対する約1,330億円の課税処分を取り消した東京地裁判決を不服として、国側は2007年6月、控訴した。

- 消費者金融大手「T社」の故A会長と妻が、1999年に長男のB氏に贈与した外国法人の株に対する約1,330億円の追徴課税処分をめぐり、B氏が処分取消しを求めた訴訟の控訴審判決が2008年1月、東京高裁であった。
- 裁判長は、国に課税の取消しを命じた1審東京地裁判決を取り消し、課税を適法とする逆転判決を言い渡した。B氏側は上告する方針。
- 裁判長は、B氏の香港滞在の動機を「贈与税回避計画を考慮していた」と認定。「このような状況では、滞在日数のみで住所を判断すべきではない」との判断を示した。その上でB氏が、
  - ①日本滞在時には都内の自宅で生活していた
  - ②A元会長の跡を継いでT社の経営者になることが予定されていた
  - ③1資産の99.9％以上は国内にあった

  などの外形的事実を指摘し、「事実上の住所は都内の自宅だった」と結論付けた。
- 1審判決は、B氏の香港滞在が課税回避目的だった可能性を指摘する一方、滞在日数などからB氏の住所を香港と判断していた。

第8章

粉飾決算と
監査ポイント

1 粉飾決算の本質

> 粉飾決算 ＝ 利益の水増し ＋ 損失の隠ぺい
> 目的　中小企業は銀行対策と経審対策
> 資金繰り・受注確保は、企業にとっての命綱
> 大企業は、株価対策⇒連結子会社の欠損隠ぺい
>
> 　　ライブドア・カネボウ上場廃止
> 　　公認会計士　虚偽記載で刑事罰

　国税庁の平成18事務年度における法人税の課税事績によると、平成19年1月末現在の申告法人数は、280万6,000社です。うち、黒字申告は82万5,000社、赤字申告は201万3,000社です。赤字申告金額は総額18兆830億円、1社当たりの赤字金額898万円と発表されています。これらの赤字企業にとっては、銀行からの借入金が命綱です。

　銀行は、企業の経営体質を厳しく見ています。そのため、節税対策とは別次元の対策が採られます。それが粉飾決算です。これらの企業の代表者等は、企業の銀行借入れに連帯保証人になっているケースも多く、企業と一心同体の関係にあり、企業存続には銀行借入による資金繰りが必要不可欠の要素となっています。

　また、官公庁の工事を請け負う企業は、建設業法に定める経営事項審査（経審）による総合評価点で受注金額が決定されるため、少しでも良い評価になるよう神経を使っています。

　粉飾決算は、中小企業のみならず、大企業も頻繁に新聞紙上を賑わしていますが、非常に厳しい制裁が科されています。最近の事例では、ライブドア事件、カネボウ事件、日興コーディアル事件等がありますが、ライブドアやカネボウは上場廃止、監査法人は解散、担当公認会計士は、刑事罰を受けています。

> **事 例**

- 東京都港区に本社を置き、傘下で日用品、医薬品（漢方薬）、食品などの事業を行う持株会社である「K社」の粉飾決算事件で、粉飾に加担したとして証券取引法違反（有価証券報告書の虚偽記載）の罪に問われたA被告ら元公認会計士3人に対する判決が、2006年8月、東京地裁であった。裁判長は「会計監査制度や公認会計士に対する社会的信用を大きく失墜させる犯行」と述べ、A被告に懲役1年6月、執行猶予3年（求刑・懲役1年6月）の有罪判決を言い渡した。B、Cの両被告に対しては、懲役1年、執行猶予3年（同・懲役1年）とした。

- 裁判長は、3人が所属していた大手監査法人の別の公認会計士らが、長年にわたり不適切な監査をしていたと認定。その上で、3人について「過去の不適切な会計監査が明らかになり、監査法人の責任が追及されることを恐れ、ずるずると粉飾決算に加担し続けた。投資家の利益の保護という会計監査の意義を忘れた恥ずべき姿勢だった」と断じた。一方で、「粉飾はあくまでもK社が主体で、積極的にかかわった訳ではない」とも述べた。

- 判決によるとA被告ら3人は、K社の旧経営陣らと共謀し、2002年3月期の連結決算で、実際には約820億円の債務超過だったのに、9億円超の資産超過と偽った有価証券報告書を提出するなどした。粉飾を主導した同社のH社長、M元副社長はいずれも有罪判決が確定している。

- また裁判長は「わが国でも有数の監査法人の犯行として、経済界や一般社会に与えた衝撃は大きい」として、3被告が所属していた大手監査法人についても、「内部のチェック体制の不備があった」と指摘した。また、現在の監査制度にも言及し、「会社から監査を委嘱され、監査報酬も支払われる制度は、会社と監査法人との間に不正常な関係が生じる土壌がある」と述べた。

2 粉飾決算と税務調査

```
粉飾決算 ≧ 仮装経理 ≠ 減額更正
法人税法 第129条第2項（更正に関する特例）

過大申告    過大納税    税務調査対象外？

☆ 繰越欠損金の違法な繰り延べ

☆ 棚卸の粉飾は、翌期の架空原価
```

　粉飾決算は、過大に利益を計上して法人税を納付しているので、税務調査で否認されることはないと考えられますが、調査官は、「繰越欠損金の違法な繰延べ」と考えています。また、棚卸の粉飾は、翌期の架空原価の計上を意味しています。

　青色申告の法人では、平成13年4月1日以後開始した事業年度の欠損金は、7年間繰り越すことができますが、7事業年度以前の欠損金は切り捨てられます。そこで登場するのが、粉飾決算を組むことです。この手法を用いれば、繰越欠損金を永続的に繰り延べることができます。

　例えば、当事業年度において2,000万円の赤字申告となった場合、2,100万円の棚卸を粉飾すれば100万円の黒字申告となりますが、2,000万円の赤字と黒字申告した100万円は、翌期の期首棚卸金額2,100万円として原価計上ができ、2,000万円の欠損金を翌期に繰り延べる結果となります。この行為を繰り返せば、2,000万円の繰越欠損金は、永続的に繰り延べられます。

　たとえ調査で発覚したとしても、法人税法第129条第2項の規定により、「減額更正」は行われませんが、その記録は調査事績に残されています。

　問題は、繰越欠損金控除の7年を超える場合に発生します。切り捨てられるべき繰越欠損金が、違法に繰り越されたことになるからです。

○法人税法

（更正に関する特例）

第129条

2　内国法人の提出した確定申告書又は連結確定申告書に記載された各事業年度の所得の金額又は各連結事業年度の連結所得の金額が当該事業年度又は連結事業年度の課税標準とされるべき所得の金額又は連結所得の金額を超えている場合において、その超える金額のうちに事実を仮装して経理したところに基づくものがあるときは、税務署長は、当該事業年度の所得に対する法人税又は連結事業年度の連結所得に対する法人税につき、当該事実を仮装して経理した内国法人が当該事業年度又は連結事業年度後の各事業年度又は各連結事業年度において当該事実に係る修正の経理をし、かつ、当該修正の経理をした事業年度の確定申告書又は連結事業年度の連結確定申告書を提出するまでの間は、更正をしないことができる。

3　税務署長が第70条第1項（仮装経理に基づく過大申告の場合の更正に伴う法人税額の控除）又は第81条の16第1項若しくは第2項（仮装経理に基づく過大申告の場合の更正に伴う法人税額の連結事業年度における控除）に規定する更正をする場合における国税通則法第28条第2項の規定の適用については、同項第3号ニ中「その減少する部分の税額」とあるのは、「その減少する部分の税額及びその税額のうち法人税法第70条第1項（仮装経理に基づく過大申告の場合の更正に伴う法人税額の控除）、第81条の16第1項若しくは第2項（仮装経理に基づく過大申告の場合の更正に伴う法人税額の連結事業年度における控除）又は第134条の2（仮装経理に基づく過大申告の場合の更正に伴う法人税額の還付）の規定の適用を受けるべき金額」とする。

（仮装経理に基づく過大申告の場合の更正に伴う法人税額の控除）

第70条　内国法人の提出した確定申告書に記載された各事業年度の所得の金額が当該事業年度の課税標準とされるべき所得の金額を超え、かつ、その超える金額のうちに事実を仮装して経理したところに基づくものがある場合において、税務署長が当該事業年度の所得に対する法人税につき更正をしたときは、当該事業年度の所得に対する法人税として納付された金額で政令で定めるもののうち当該更正により減少する部分の金額で当該仮装して経理した金額に係るもの

は、国税通則法第56条 から第58条 まで（還付・充当等）の規定にかかわらず、当該更正の日の属する事業年度開始の日から5年以内に開始する各事業年度の所得に対する法人税の額から順次控除する。

3 粉飾決算の監査ポイント

粉飾決算の五大要素

① 架空売上 ＝ 架空売掛金　循環取引・資本取引を収益
② 原価圧縮 ＝ 簿外債務　大企業連結子会社の損失隠ぺい
③ 在庫の水増し ＝ 架空在庫　NO１
④ 減価償却費の未計上 ≠ 仮装経理
⑤ 不良債権の未償却 ≠ 仮装経理

　中小企業の粉飾決算の代表的な操作は、①売上の繰上げ計上（架空売上）、②原価の繰延べ（原価の圧縮）、③棚卸の水増し（架空在庫）、④減価償却費の未計上、⑤不良債権の未償却等々です。上記のうち④と⑤は下記の理由により仮装経理には該当しませんが、決算書を２～３年比較すれば一目瞭然です。

○減価償却費（法人税法第31条第１項）
　　法人が償却費として損金経理した金額のうち、その資産について選択した償却方法によって計算した償却限度額に達するまでの金額。

○貸倒引当金（法人税法第52条）
　　不良債権の償却については、法律上の貸倒れは損金算入が強制されますが、事実上の貸倒れや形式上の貸倒れは、貸倒れ損失として損金経理した場合にのみ損金算入が認められます。

　税務監査のポイントは、粉飾決算であっても、仮装経理による違法な欠損金の繰越が７年を超えていないかをチェックすることです。
　また、銀行借入が命綱である企業の決算書類の作成には最も神経を使うところですが、我々税理士の立場を向上させるには、「中小企業の会計指針」に基づく決算書類の作成が求められています。

4 粉飾決算の是正と更正の請求

```
粉飾決算は、仮装経理   還付金は、5年間充当
修正申告は不可   国税通則法第19条
☆ 過大申告は、更正の請求   国税通則法23条
   ⇒ 法定申告期限から1年間
```

　確定申告の是正は、修正申告と更正の請求の規定がありますが、粉飾決算は仮装経理であり、税法も厳しい規定を設けています。

　修正申告は所得を増加させる場合や税額を増加させる場合であり、更正の請求は①納付すべき税額が過大である場合、②欠損金額が過少又は記載がなかった場合、③還付金額が過少又は記載がなかった場合等に限られています。

　仮装経理の是正は「更正の請求」しか認められていませんが、その期限は法定申告期限から1年間のみです（国税通則法第23条）。仮装経理に係る税額の還付は、以後5事業年度の法人税額に充当することとされています。

　また、前項の減価償却費や貸倒損失等の損金経理が条件となっています。税額控除や受取配当の益金不算入は申告要件となっているため、更正の請求はできないことになっています。

〈更正の請求の対象とならないケース〉

イ　損金経理をしなかった場合
　① 減価償却資産等の償却を限度額まで行わなかった場合の不足額部分
　② 引当金を限度額まで行わなかった場合の不足額部分
　③ 圧縮記帳を限度額まで行わなかった場合の不足額部分

ロ　申告調整をしなかった場合
　① 受取配当等の益金不算入の申告をしなかった場合
　② 税額控除の申告をしなかった場合等

○**国税通則法**

(修正申告)

第19条　納税申告書を提出した者は、次の各号のいずれかに該当する場合には、その申告について第24条（更正）の規定による更正があるまでは、その申告に係る課税標準等又は税額等を修正する納税申告書を税務署長に提出することができる。

一　先の納税申告書の提出により納付すべきものとしてこれに記載した税額に不足額があるとき。

二　先の納税申告書に記載した純損失等の金額が過大であるとき。

三　先の納税申告書に記載した還付金の額に相当する税額が過大であるとき。

四　先の納税申告書に当該申告書の提出により納付すべき税額を記載しなかつた場合において、その納付すべき税額があるとき。

(更正の請求)

第23条　納税申告書を提出した者は、次の各号の一に該当する場合には、当該申告書に係る国税の法定申告期限から1年以内に限り、税務署長に対し、その申告に係る課税標準等又は税額等（当該課税標準等又は税額等に関し次条又は第26条（再更正）の規定による更正（以下この条において「更正」という。）があつた場合には、当該更正後の課税標準等又は税額等）につき更正をすべき旨の請求をすることができる。

一　当該申告書に記載した課税標準等若しくは税額等の計算が国税に関する法律の規定に従つていなかつたこと又は当該計算に誤りがあつたことにより、当該申告書の提出により納付すべき税額（当該税額に関し更正があつた場合には、当該更正後の税額）が過大であるとき。

二　前号に規定する理由により、当該申告書に記載した純損失等の金額（当該金額に関し更正があつた場合には、当該更正後の金額）が過少であるとき、又は当該申告書（当該申告書に関し更正があつた場合には、更正通知書）に純損失等の金額の記載がなかつたとき。

三　第一号に規定する理由により、当該申告書に記載した還付金の額に相当する税額（当該税額に関し更正があつた場合には、当該更正後の税額）が過少であるとき、又は当該申告書（当該申告書に関し更正があつた場合には、更正通知書）に還付金の額に相当する税額の記載がなかつたとき。

5 粉飾決算の是正は前期損益修正損

> **粉飾決算は、減額更正対象** 国税通則法第24条
>
> **仮想経理は帳簿是正と確定申告書の提出が条件**
> 法人税第129条第2項
>
> ☆ **前期損益修正損　≠　減額更正？**
>
> **減額更正の嘆願書? 税務署長の裁量？**

　決算書は正規の簿記の原則に従って作成されるべきものですが、企業の資金繰りや経審対策で、粉飾決算が行われている企業も多いと思われます。また、調査においても見て見ぬふりをしています。

　国税通則法第24条（更正）では、「税務署長は、…（中略）…当該課税標準等又は税額等がその調査したところと異なるときは、その調査により、当該申告書に係る課税標準等又は税額等を更正する」と規定されており、粉飾の事実を把握した場合でも、減額更正を要することになっています。

　しかし国税当局は、法人税法第129条第2項「当該事実を仮装して経理した内国法人が当該事業年度において当該事実に係る修正の経理をし、かつ、当該修正の経理をした事業年度の確定申告書を提出するまでの間は、更正をしないことができる」を根拠として、減額更正を行っていません。

　粉飾決算が社会問題となっている現在、同項の規定は、仮装経理を修正し、修正した事項を記載した確定申告書を提出した場合は、減額更正をしなければならない規定ではないでしょうか。現状の粉飾決算の是正は、修正年度の決算書に前期損益修正損を明記した確定申告書を提出するとともに、別表四の加算と減額更正の要請（嘆願書を提出）をして、減額更正を税務署長にお願いすることになっています。

○国税通則法

（更正）

第24条　税務署長は、納税申告書の提出があつた場合において、その納税申告書に記載された課税標準等又は税額等の計算が国税に関する法律の規定に従つていなかつたとき、その他当該課税標準等又は税額等がその調査したところと異なるときは、その調査により、当該申告書に係る課税標準等又は税額等を更正する。

○法人税法

（更正に関する特例）

第129条

2　内国法人の提出した確定申告書又は連結確定申告書に記載された各事業年度の所得の金額又は各連結事業年度の連結所得の金額が当該事業年度又は連結事業年度の課税標準とされるべき所得の金額又は連結所得の金額を超えている場合において、その超える金額のうちに事実を仮装して経理したところに基づくものがあるときは、税務署長は、当該事業年度の所得に対する法人税又は連結事業年度の連結所得に対する法人税につき、当該事実を仮装して経理した内国法人が当該事業年度又は連結事業年度後の各事業年度又は各連結事業年度において当該事実に係る修正の経理をし、かつ、当該修正の経理をした事業年度の確定申告書又は連結事業年度の連結確定申告書を提出するまでの間は、更正をしないことができる。

第9章

重加算税通達は
企業の防波堤

1 重加算税の法的根拠

重加算税 国税通則法第68条

☆ 事実の全部又は一部の仮装、隠ぺい行為

過少申告加算税10％（15％）⇒重加算税35％

無申告加算税15％⇒無申告重加算税40％

　調査で把握された問題点は更正の対象となり、加算税が賦課されます。特に重加算税対象には、35％の加算税のほかに更正期間の制限延長と延滞税の期間特例排除の「トリプル行政罰」が待ちかまえています。

　これらの行政罰から企業を守るためには、税務監査により仮装隠ぺい行為を事前に排除しておくことが求められます。また、更正されることになった場合でも、重加算税賦課の法的根拠や重加算税通達・延滞税の期間特例排除の規定を十分研究して対処する必要があります。

　調査の目的は、大口、悪質な不正の摘発が税務運営方針に示されており、不正行為は重加算税対象となります。

　重加算税は、国税通則法第68条の「事実の全部又は一部を隠ぺいし、又は仮装し、その隠ぺいし、又は仮装したところに基づき納税申告書を提出したとき」に賦課されます。この「隠ぺい・仮装行為」に該当しない場合は重加算税対象にならないのですが、平成12年7月3日の重加算税通達が発遣されるまでは、明確な判断基準が公表されていませんでした。重加算税通達が発遣されたことにより、重加算税を賦課する行為が明確化され、透明性が高くなっています。

　この通達を研究することが、企業の防波堤にもなり、対象行為にも歯止めを掛けることができるのです。

○国税通則法

（重加算税）

第68条　第65条第1項（過少申告加算税）の規定に該当する場合において、納税者がその国税の課税標準等又は税額等の計算の基礎となるべき事実の全部又は一部を隠ぺいし、又は仮装し、その隠ぺいし、又は仮装したところに基づき納税申告書を提出していたときは、当該納税者に対し、政令で定めるところにより、過少申告加算税の額の計算の基礎となるべき税額（その税額の計算の基礎となるべき事実で隠ぺいし、又は仮装されていないものに基づくことが明らかであるものがあるときは、当該隠ぺいし、又は仮装されていない事実に基づく税額として政令で定めるところにより計算した金額を控除した税額）に係る過少申告加算税に代え、当該基礎となるべき税額に100分の35の割合を乗じて計算した金額に相当する重加算税を課する。

2　第66条第1項（無申告加算税）の規定に該当する場合において、納税者がその国税の課税標準等又は税額等の計算の基礎となるべき事実の全部又は一部を隠ぺいし、又は仮装し、その隠ぺいし、又は仮装したところに基づき法定申告期限までに納税申告書を提出せず、又は法定申告期限後に納税申告書を提出していたときは、当該納税者に対し、政令で定めるところにより、無申告加算税の額の計算の基礎となるべき税額（その税額の計算の基礎となるべき事実で隠ぺいし、又は仮装されていないものに基づくことが明らかであるものがあるときは、当該隠ぺいし、又は仮装されていない事実に基づく税額として政令で定めるところにより計算した金額を控除した税額）に係る無申告加算税に代え、当該基礎となるべき税額に100分の40の割合を乗じて計算した金額に相当する重加算税を課する。

3　前条第1項の規定に該当する場合において、納税者が事実の全部又は一部を隠ぺいし、又は仮装し、その隠ぺいし、又は仮装したところに基づきその国税をその法定納期限までに納付しなかつたときは、税務署長は、当該納税者から、不納付加算税の額の計算の基礎となるべき税額（その税額の計算の基礎となるべき事実で隠ぺいし、又は仮装されていないものに基づくことが明らかであるものがあるときは、当該隠ぺいし、又は仮装されていない事実に基づく税額として政令で定めるところにより計算した金額を控除した税額）に係る不納付加算税に代え、当該基礎となるべき税額に100分の35の割合を乗じて計算した金

額に相当する重加算税を徴収する。
　4　第1項又は第2項の規定は、消費税等（消費税を除く。）については、適用しない。

○国税通則法
（過少申告加算税）
第65条　期限内申告書が提出された場合において、修正申告書の提出又は更正があつたときは、当該納税者に対し、その修正申告又は更正に基づき第35条第2項（期限後申告等による納付）の規定により納付すべき税額に100分の10の割合を乗じて計算した金額に相当する過少申告加算税を課する。
2　前項の規定に該当する場合において、同項に規定する納付すべき税額がその国税に係る期限内申告税額に相当する金額と50万円とのいずれか多い金額を超えるときは、同項の過少申告加算税の額は、同項の規定にかかわらず、同項の規定により計算した金額に、当該超える部分に相当する税額（同項に規定する納付すべき税額が当該超える部分に相当する税額に満たないときは、当該納付すべき税額）に100分の5の割合を乗じて計算した金額を加算した金額とする。

○国税通則法
（無申告加算税）
第66条　次の各号のいずれかに該当する場合には、当該納税者に対し、当該各号に規定する申告、更正又は決定に基づき第35条第2項（期限後申告等による納付）の規定により納付すべき税額に100分の15の割合を乗じて計算した金額に相当する無申告加算税を課する。ただし、期限内申告書の提出がなかつたことについて正当な理由があると認められる場合は、この限りでない。
　一　期限後申告書の提出又は第25条（決定）の規定による決定があつた場合
　二　期限後申告書の提出又は第25条の規定による決定があつた後に修正申告書の提出又は更正があつた場合
2　前項の規定に該当する場合において、同項に規定する納付すべき税額（同項第二号の修正申告書の提出又は更正があつたときは、その国税に係る累積納付

税額を加算した金額）が50万円を超えるときは、同項の無申告加算税の額は、同項の規定にかかわらず、同項の規定により計算した金額に、当該超える部分に相当する税額（同項に規定する納付すべき税額が当該超える部分に相当する税額に満たないときは、当該納付すべき税額）に100分の5の割合を乗じて計算した金額を加算した金額とする。

2 法人税の重加算税通達

```
法人税の仮装・隠ぺい行為  ⇒⇒ ☆  ３つの顔
  ☆ 二重帳簿    帳簿書類の不作成
  ☆ 帳簿書類の破棄、隠匿 ⇒⇒ 現金商売？
  ☆ 帳簿書類の虚偽記載 ⇒⇒ 日付の改ざん
```

　法人税の重加算税の取扱通達は下記のとおりですが、特に問題となるのが④の棚卸資産の除外です。除外行為とうっかりミスの区別が明示されていません。棚卸の全体金額や申告所得に占める脱漏割合等も考慮されるべきと考えています。

　ただ、棚卸資産の評価換えにより過少評価をしている場合は、重加算税を賦課しないと例示されています。

〈法人税における仮装隠ぺい行為（抜粋・全文参考2参照）〉

① 　いわゆる二重帳簿を作成していること。

② 　帳簿、原始記録、証憑書類、貸借対照表、損益計算書、勘定科目内訳明細書、棚卸表その他決算に関係のある書類（以下「帳簿書類」という。）を、破棄又は隠匿していること。

③ 　帳簿書類の改ざん、帳簿書類への虚偽記載、相手方との通謀による虚偽の証憑書類の作成、帳簿書類の意図的な集計違算その他の方法により仮装の経理を行っていること。

④ 　帳簿書類の作成又は帳簿書類への記録をせず、売上げその他の収入の脱漏又は棚卸資産の除外をしていること。

⑧ 　同族会社であるにもかかわらず、その判定の基礎となる株主等の所有株式等を架空の者又は単なる名義人に分割する等により非同族会社としていること。

3 相続税の重加算税通達

> 帳簿書類の改ざん、虚偽表示、破棄、隠匿
>
> 相続財産の隠匿、架空の債務
>
> ☆被相続人名義以外の名義、架空名義、無記名等

　通達の内容だけでは、相続財産の計上漏れと仮装隠ぺい行為の一線が非常に曖昧です。特に問題となるのは、⑤の仮装隠ぺい行為の要件である「認識し」という文言です。

　国税庁の平成18年度の相続税調査の記者発表によりますと、預貯金や有価証券の是正は56.6%と非常に高いですが、重加算税付加割合は、15.1%と非常に低い数字となっています。

〈相続税の仮装隠ぺい行為 (抜粋・全文参考3参照)〉

① 相続人（受遺者を含む。）又は相続人から遺産（債務及び葬式費用を含む。）の調査、申告等を任せられた者（以下「相続人等」という。）が、帳簿、決算書類、契約書、請求書、領収書その他財産に関する書類（以下「帳簿書類」という。）について改ざん、偽造、変造、虚偽の表示、破棄又は隠匿をしていること。

② 相続人等が、課税財産を隠匿し、架空の債務をつくり、又は事実をねつ造して課税財産の価額を圧縮していること。

⑤ 相続人等が、その取得した課税財産について、例えば、被相続人の名義以外の名義、架空名義、無記名等であったこと若しくは遠隔地にあったこと又は架空の債務がつくられてあったこと等を認識し、その状態を利用して、これを課税財産として申告していないこと又は債務として申告していること。

4 所得税の重加算税通達

> 所得税の仮装隠ぺい行為（法人と同じ）
> ☆ 本人以外の名義及び架空名義
> ☆ 虚偽の答弁

　所得税の仮装隠ぺい行為には、本人以外の名義や架空名義取引や架空の源泉徴収票・虚偽答弁等が付け加えられています。

〈所得税の仮装隠ぺい行為（抜粋・全文参考4参照）〉

① いわゆる二重帳簿を作成していること。

② 帳簿、決算書類、契約書、請求書、領収書その他取引に関する書類（以下「帳簿書類」という。）を、破棄又は隠匿していること。

③ 帳簿書類の改ざん、偽造、変造若しくは虚偽記載、相手方との通謀による虚偽若しくは架空の契約書、請求書、領収書その他取引に関する書類の作成又は帳簿書類の意図的な集計違算その他の方法により仮装を行っていること。

⑤ 事業の経営、売買、賃貸借、消費貸借、資産の譲渡又はその他の取引について、本人以外の名義又は架空名義で行っていること。

⑧ 源泉徴収票、支払調書等の記載事項を改ざんし、若しくは架空の源泉徴収票等を作成し、又は他人をして源泉徴収票等に虚偽の記載をさせ、若しくは源泉徴収票等を提出させていないこと。

⑨ 調査等の際の具体的事実についての質問に対し、虚偽の答弁等を行い、又は相手先をして虚偽の答弁等を行わせていること及びその他の事実関係を総合的に判断して、申告時における隠ぺい又は仮装が合理的に推認できること。

5 更正の期間制限の延長

☆ **更正の期間制限** 国税通則法第70条

◎ **偽りその他不正の行為** 国税通則法第70条第5項

☆ **更正期間制限は3年（5年）⇒7年に延長**

　重加算税の要件は「仮装・隠ぺい行為」でしたが、更正の期間制限の延長及び延滞税の期間の特例除外規定の要件は「偽りその他不正の行為」です。

　「偽りその他不正の行為」は、査察事件として立件する場合の罰則規定と同じ要件ですので「仮装・隠ぺい」より厳しい条件と考えられますが、課税部門によっては、「偽りその他不正の行為」の中に「仮装・隠ぺい行為」が含まれると解釈している部門もあります。

○国税通則法

（国税の更正、決定等の期間制限）

第70条　次の各号に掲げる更正又は賦課決定は、当該各号に定める期限又は日から3年を経過した日（法人税に係る更正については、第1号に定める期限又は日から5年を経過した日以後）においては、することができない。

一　更正　その更正に係る国税の法定申告期限

二　課税標準申告書の提出を要する国税で当該申告書の提出があつたものに係る賦課決定　当該申告書の提出期限

5　偽りその他不正の行為によりその全部若しくは一部の税額を免れ、若しくはその全部若しくは一部の税額の還付を受けた国税についての更正決定…（中略）…等は、前各項の規定にかかわらず、次の各号に掲げる更正決定等の区分に応じ、当該各号に定める期限又は日から7年を経過する日まで、することができる。

6 延滞税の免除特例期間の排除

☆ **延滞税の期間の特例** 国税通則法法第61条

◎ **偽りその他不正の行為** 同条第1項除外規定

☆ **延滞税の期間特例1年⇒全期間が対象**

重加算税対象となった本税については、延滞税の期間の特例が排除され、全期間が延滞税の対象となっています。前述の更正期間の制限延長規定と合わせると、重加算税の35％以上に厳しい行政罰が待ちかまえています。

（延滞税の額の計算の基礎となる期間の特例）

第61条　修正申告書（偽りその他不正の行為により国税を免れ、又は国税の還付を受けた納税者が当該国税についての調査があつたことにより当該国税について更正があるべきことを予知して提出した当該申告書を除く。）の提出又は更正（偽りその他不正の行為により国税を免れ、又は国税の還付を受けた納税者についてされた当該国税に係る更正を除く。）があつた場合において、次の各号の一に該当するときは、当該申告書の提出又は更正により納付すべき国税については、前条第2項に規定する期間から当該各号に掲げる期間を控除して、同項の規定を適用する。

一　…（前略）…期限内申告書が提出されている場合において、その法定申告期限から1年を経過する日後に当該修正申告書が提出され、又は当該更正に係る更正通知書が発せられたとき。その法定申告期限から1年を経過する日の翌日から当該修正申告書が提出され、又は当該更正に係る更正通知書が発せられた日までの期間

7 延滞税率は異常な高金利

☆ **延滞税金利は、14.6%** 納期限の2か月後から

◎ **延滞税の割合の特例**（租税特別措置法第94条）

原則の特例7.3%⇒特例4.4%⇒原則14.6%

　申告書提出日から2か月後の金利は、重加算税対象以外にも14.6%の異常な高金利です。

○国税通則法
（延滞税）
第60条　納税者は、次の各号の一に該当するときは、延滞税を納付しなければならない。
　一　期限内申告書を提出した場合において、当該申告書の提出により納付すべき国税をその法定納期限までに完納しないとき。
　四　予定納税に係る所得税をその法定納期限までに完納しないとき。
　五　源泉徴収による国税をその法定納期限までに完納しないとき。
2　延滞税の額は、前項各号に規定する国税の法定納期限の翌日からその国税を完納する日までの期間の日数に応じ、その未納の税額に年14.6パーセントの割合を乗じて計算した額とする。ただし、納期限までの期間又は納期限の翌日から2月を経過する日までの期間については、その未納の税額に年7.3パーセントの割合を乗じて計算した額とする。

○租税特別措置法
（延滞税の割合の特例）
第94条　国税通則法第60条第2項に規定する延滞税の年7.3パーセントの割合は、

> 同項の規定にかかわらず、各年の特例基準割合が年7.3パーセントの割合に満たない場合には、その年中においては、当該特例基準割合（当該特例基準割合に0.1パーセント未満の端数があるときは、これを切り捨てる。）とする。
>
> 特例基準割合とは
> 　各年の前年11月30日を経過するときの公定歩合に年４％の割合を加えたものをいいます。平成12年１月１日以降の延滞金又は還付加算金の額の算出に用いる。

※「公定歩合」は「基準割引率および基準貸付利率」と名称が変更されました。なお、平成11年以降の基準割引率および基準貸付利率（従来「公定歩合」として掲載されていたもの）は次のとおりです。

平成11年及び平成12年	0.5%
平成13年から平成17年まで	0.1%
平成18年	0.4%

第10章

税務監査で添付書面が作成される

1 添付書面は税務監査証明書？

> 税務監査と添付書面は、過程と結果報告書
> 添付書面は、税務監査証明書？　税理士法第33条の2
> ☆　意見聴取制度の有効活用　税理士法第35条
> ☆　新書面添付通達　＝　税理士の立場尊重規定

　税務監査のポイントはこれまでに述べてきたとおりですが、実践としての添付書面は、税務監査証明書としての役割を果たすことを期待しています。書面添付の記載要領は、税理士法施行規則第17条により、「別紙第九号様式又は第十号様式により記載した書面とする」との規定がありますが、具体的な記載要領は定められていません。税務監査と書面添付を合体させる方法は、調査の選定ポイントを事前にチェックして、その確認事項を簡潔に記載することです。

　その有効と考えられる記載要領を例題とともに例示することにしましょう。

　国税庁においても、「この制度は、正確な申告書の作成・提出に資するとともに、税務行政の円滑化が図られ、ひいては信頼される税理士制度の確立に結び付くものであることから、添付書面の記載内容の充実が図られるよう、本年度においては、書面の記載状況などについて、税理士会等と協議を行い、一層の充実に努め…（中略）…この制度を尊重し、育成することに努めます」と努力目標が掲げられています。

　書面添付割合は徐々に向上していると報告されていますが、まだまだ低い水準にあります。税理士会でも同制度のアンケート調査が実施され普及の拡大策を模索されていますが、筆者は、税務監査業務が税理士法に謳われていないことが最大の原因ではないかと考えています。

2 新書面添付通達と意見聴取

```
新書面添付通達の意見聴取＝疑問点の解消
顕著な増減事項・増減理由    新書面添付通達
会計処理方法の変更の理由
調査官  疑問点を個別・具体的に質疑   申告書から抽出
税理士 ☆ 上記の個別・具体的な回答が必要
```

　添付書面を提出したとしても、課税庁との情報量の違いから、調査対象者に選定されることもありますが、調査官の選定要素と税務監査のポイントを習得していれば、何も心配はいらないのではないかと思います。

　事前通知を実施する調査の場合は、税理士に意見聴取の機会が与えられることになっています。その際に調査官は、個別・具体的な質問をしますので、税務監査事項を積極的に説明すれば、調査に至らないケースも多くなると期待しています。

〈新書面添付制度通達の意見聴取〉

意見聴取は、税務の専門家としての立場を尊重して付与された税理士等の権利の一つとして位置付けられ、書面を添付した税理士が申告に当たって計算等を行った事項に関することや、実際の意見聴取に当たって生じた疑問点を解明することを目的として行われるものである。

したがって、こうした制度の趣旨・目的を踏まえつつ、例えば顕著な増減事項・増減理由や会計処理方法に変更があった事項・変更の理由などについて個別・具体的に質疑を行うなど、意見聴取の機会の積極的な活用に努める。

3 法人税申告書の分析と添付書面

> 税務調査選定材料の排除は、申告書の分析から
> ① 売上の増加　② 売上総利益率の減少
> ③ 営業利益率の変動　④ 突出科目の分析
> ☆ 添付書面は、上記変動理由の明記

　法人税の調査対象者の選定は、申告書の分析が基本と前述しましたが、過年度3～5事業年度分の決算書の数字を比較検討しています。その分析で特に目立つのは、売上が増加しているにもかかわらず、売上総利益率が減少しているケースです。

　売上が損益分岐点を超えると、所得金額は飛躍的に増大しますが、反面、税負担も急増します。そこで納税者心理としては、最大限の節税対策を取ることになります。したがって調査官は、「売上の増加・売上総利益率の減少＝利益調整」と想定し、調査ポイントに選定します。

　添付書面では、その原因を具体的に簡記することをお勧めします。例えば、売上総利益率低下原因について、

　〈例1〉　今期はじめて在庫一掃セールを実施した結果、決算月の売上は倍増したが、当セールの利益率を○○％に設定したため、全体の売上総利益率を△△％引き下げる結果となった。

　〈例2〉　不良在庫を検討した結果、原価2,000万円の不良在庫が判明した。当該不良在庫の処分可能金額は、500万円であるので、売上総利益を1,500万円引き下げる結果となった。

　また、営業利益率の大きな変動は、経費科目の増減が原因です。したがって急増・急減の経費科目名を記載して、その理由を具体的に簡潔に記載されることをお勧めします。

4 事業概況書の分析と添付書面

- 事業概況書は税務調査の効率化
- 不審点が見える月別分析　　林を見て森を見る
- 推計在庫の赤字は、棚卸除外
- 利益調整は、期末月に集中する
- ☆ 添付書面には、問題点の検証結果を

　事業概況書は、従来から提出依頼はありましたが、平成18年度の税制改正で、法人税の申告書等の添付書類に加えられました（法人税法第74条第2項及び同法施行規則第35条第4項）。

　従来の事業概況書の上覧に極小文字で「税務署の調査・指導等に際して相互の手数を省略するため」と記載されていました。

　事業概況書の分析例は、第3章⑪「高収益法人」ですでに紹介していますが、答えは2億円程度の棚卸除外か架空仕入を想定しています。その理由は、推計在庫との差額が答えとなります。当期の決算書の原価比率を採用すれば、申告書の棚卸金額と一致しますが、事例は過去3年間の平均原価率を採用しています。

　事例の問題点を添付書面で記載するとすれば、是正処理を済ませておくことが必要です。

〈例：事業概況書の分析結果について〉

　決算月において、売上金額から推計される原価と仕入金額を比較したところ、推計在庫が254,630千円増加しており、棚卸計上額と約1億円矛盾したため、決算

月の仕入を個別に確認した。

その結果、積送品の計上漏れが1億円判明したため、別表四に加算している。

また、推計在庫の赤字原因を検証した結果、9月の仕入金額50,000千円が、翌月に計上されており実質42,370千円の黒字在庫であった。

○**法人税施行規則**
（確定申告書の添付書類）
第35条　法第74条第2項（確定申告書の添付書類）に規定する財務省令で定める書類は、次の各号に掲げるもの（当該各号に掲げるものが電磁的記録で作成され、又は当該各号に掲げるものの作成に代えて当該各号に掲げるものに記載すべき情報を記録した電磁的記録の作成がされている場合には、これらの電磁的記録に記録された情報の内容を記載した書類）とする。
一　当該事業年度の貸借対照表及び損益計算書
三　第一号に掲げるものに係る勘定科目内訳明細書
四　当該内国法人の事業等の概況に関する書類

5 雑益・雑損失等の内訳書と添付書面

> 税務調査の選定は申告書の後ろから
> 雑益・雑損失等の内訳書は、選定材料の宝庫
> ☆ 添付書面は、雑損失等の内容確認を簡記

　第5章⑤「雑益・雑損失内訳書の監査ポイント」で「効率的な監査は、申告書の後ろから」と前述していますが、調査官にとっては利益調整の宝庫に見えます。特に、多額な保険収入や土地売却益の雑収入計上がある場合、節税目的の特別損失が目につきます。

　多額の雑収入は、前年より申告所得を増加させます。そこで企業としては債権放棄や固定資産売却損・固定資産除却損等々の特別損失を計上して、最大の節税対策を考えます。

　その最大の節税対策が、調査の選定ポイントになります。添付書面では、その処理の事実関係を簡記されることをお勧めします。

〈例1：固定資産売却損について〉

　今回売却した○○土地は、平成2年7月1日に購入し新工場を建設する予定であった。バブルが崩壊したことにより新工場の建設を断念し、遊休地としていた。

　売却先は、○○不動産の仲介によるもので、当社とは、資本関係・取引関係ともにない第三者取引であることを確認している。

〈例2：固定資産除却損について〉

　新規設備を導入したことにより、旧設備××××千円を平成19年10月25日に除却した。

　なお、旧設備は、スクラップとして平成19年11月4日○○商店に売却し、売却代金として△△△千円の収入があった。

6 役員報酬手当等の内訳書と添付書面

> 相続税の節税対策は、役員退職金
> 法人基準年度の所得減　代表格NO.1
> 　　　　プラスα　純資産の社外流出効果
> ☆　添付書面は、役員退職金の妥当性を説明

　第5章6「役員報酬手当等内訳書の監査ポイント」で詳述しているとおり、役員退職金の支給によって、相続税の取引相場のない株式評価が著しく下がりますが、オーナー株主の退職金の支給には、クリアしなければならない条件があります。

　添付書面には、その条件をクリアしていることを、また、非常勤役員については勤務実績等も簡記されることをお勧めします。下記の記載例を参考にしてください。

〈例1：役員退職金△千△△△万円の支給について〉

　前代表者Aは高齢のため平成○○年○月○日開催の定時株主総会により、取締役の辞任と役員退職金の支給額△千△△△万円が承認されている。

　支給額については、役員退職金規定に基づき算定されており、平成○○年○月○日に全額支給されている。なお、会社創設時から代表取締役に就任しており、過大役員退職金には該当しないと判断している。

　また、退職後は非常勤取締役となり経営の一線からは退いている。

〈例2：非常勤役員B・Cの勤務実態について〉

　代表者に質問したところ、「Bは、月1回程度の取締役会に、Cは、月2回程度取締役会と銀行融資の窓口折衝にあたっている」との回答であった。取締役会議事録と銀行折衝記録を確認している。

7 借入金・仮受金の内訳書と添付書面

> 個人借入金・個人仮受金は、重点調査項目
> 不正資金の導入排除は、発生原資の確認
> ☆ 添付書面には、導入理由と原資の説明

　添付書面には、会計参与の行動指針が示すように申告書から見える問題点を「代表者等に質問し」「関係書類の提示を求め」「事実関係の確認事項」を記載することです。

　個人借入金や個人仮受金の新規発生に対しては、下記の記載例を参考にしてください。

〈例1：代表者借入金△△△万円の新規発生について〉

　代表者から平成○年○月○日に借入金△△△万円が新規発生していたので代表者に説明を求めたところ、「①銀行借入枠がないため、個人預金を取り崩して会社に導入している。②導入資金は、○○銀行××支店の給与振込口座の普通預金残高から、法人口座に振り込んでいる」との説明であったので、その預金口座の提示を求め確認した。
　当該普通預金には、法人からの役員報酬と地代収入のみで不審な入金のないことを確認している。

〈例2：個人仮受金について〉

　個人仮受金が平成○年○月○日に△△△万円が新規発生していたので代表者に説明を求めたところ、「①支払手形の決済期日に預金残高が不足していたため、②妻の父Aに短期間の資金融通をお願いしたもので、③売掛金の回収後平成○年○月○日に返済している」との説明であった。
　入金時の預金通帳を確認したところ、代表者の説明のとおり妻の父Aよりの振込入金であった。

8 買掛金（未払金・未払費用）の内訳書と添付書面

> 期末架空原価は、架空負債の計上
> 架空負債排除は、
> 　　　　一見取引先・長期未払金の確認
> ☆ 添付書面には、物の動きの説明

　第5章⑧「買掛金等の監査ポイント」で詳述していますが、税務署内部もＯＡ化されており、他署の法人や個人の課税情報も検索できる時代です。また、不審な買掛金や未払金は、所轄署への書面照会により、勘定科目の内訳書に記載があるかどうかも確認されます。

　添付書面はそれらの手間を省く目的もありますので、一見取引先等に対しては、物の動きで説明することです。

　例えば、未払金内訳書に㈱Ａ商店500万円が新規発生した場合や㈲Ｂ設備350万円が前年度と同額の場合は、下記の記載例を参考にしてください。

〈例1：未払金 ㈱Ａ商店500万円について〉

　決算月発生の未払金を検討したところ、㈱Ａ商店の500万円が新規に発生していたので、関係書類を確認した。

　結果、◎◎機械の購入代金であったため、納品書時期と稼働状況も併せて確認したところ、平成○○年○月○日に納入され事業の用に供されていた。

〈例2：㈲Ｂ工務店350万円の長期未理由について〉

　未払金のうち、㈲Ｂ工務店の350万円が前年と同額であるため、代表者に説明を求めたところ、「一部施工ミスがあり相手方と訴訟中」とのことであったので、訴訟資料を確認している。

9 棚卸資産の内訳書と添付書面

> 調査対象者の選定理由NO.1
> ☆ 添付書面は、棚卸の実施状況
> 棚卸資産と買掛金・未払金・前受金
> ☆ 連動性の説明が有効

第5章9「棚卸資産の監査ポイント」で詳述していますが、調査対象者の選定理由も非常に高くなっています。

調査官は、棚卸回転率から何か月分の仕入が在庫に計上されているかを検討材料としています。例えば、売上が10億円、棚卸金額が1億円とすると、棚卸回転率は10回転ということになります。1年は12か月ですので、在庫は1.2か月分となります。事業概況書で毎月同じ仕入金額であれば、1、2か月分の在庫で問題がないのですが、期末2か月分の仕入が期中平均仕入より多い場合が問題点となります。

もう一つの見方は、棚卸金額と、買掛金・未払金・前受金との相関関係をみる見方です。棚卸金額の増加額と買掛金・未払金・前受金の増加額に大きな違いがあれば、調査項目となります。

添付書面では、それらの問題点の有無を事前に検討した旨を記載されることです。

〈例：棚卸金額の検討について〉
　実地在庫は、決算日に従業員総出で実施しており、原始記録も保存されている。また、期末買掛金・未払金・前受金と棚卸についての照合は、当事務所で実施した。その結果、外注先への預け品の計上漏れ○○万円が判明したので、別表四に加算して申告している。

10 相続税申告書と添付書面

> 相続税の調査割合・増差所得はNO.1
> 節税相談もNO.1　　過度の節税排除
> 相続税の添付書面は、全幅の信頼が必要
> ☆ 虚偽の添付書面は、罰則規定　税理士法第46条

　相続税の申告書に書面添付する場合は、法人税の書面添付と異なり、格段の信頼関係が必要です。法人税の場合は、日々の会計帳票から問題点の有無をチェックできますが、相続税の場合は、被相続人や全相続人からの資産運用記録（預金口座等）等の提示がなければ、適正な申告は担保できないのです。

　各税目別の調査結果（第3章③）を見ても、相続税の調査効率が極めて高く、調査割合も31.5％と、調査1件当たりの増差所得も、3,203万円の是正が行われています。これらの結果から見ると、税理士に対する全財産の提示のされ方がいかに不十分であるかを物語っています。

　相続税の調査対象は被相続人・相続人の「財産若しくはその財産に関する帳簿書類その他の物件」ですから、それらの提示を受けなければ「適正な申告」の担保ができないのはもちろんですが、そのほかにも相続税の監査のポイント（第4章）でも前述したとおり、法人税や所得税の申告状況からのチェックも重要です。

〈相続税の添付書面の総論記載例〉

　被相続人・相続人全員の個人の申告所得や関係法人決算書等・預貯金の提示を受けて整合性を検討したが、妥当と判断している。

　自社株評価については、法人税の基準年度を中心として前後3事業年度と比較検討を実施したが、特異事項はなかった。

11 相続税がかかる財産明細と添付書面

相続財産は、
①親からの相続財産
②生涯所得の積み重ね
③法人所得の積み重ね
☆ 添付書面は、②と③の整合性の説明

　調査対象者の的確な選定（第3章 4 5）で、上記①〜③のうち問題となるのは、②の「相続財産は、生涯所得の積み重ね」と③の「法人所得の積み重ね」と前述しています。

　また、相続税の監査ポイント（第4章）で詳述していますが、これら監査の結果を添付書面に記載して、調査の選定ポイントを解消する必要があります。

　例1では「被相続人Ａ氏の直近5年間の申告所得は、毎年5,000万円」、例2では、「5年前に株式譲渡が1億円」と設定しています。

〈例1：所得税の申告書からの検証〉
　被相続人Ａ氏の直近5年間の申告所得は、毎年5,000万円前後であり、すべて同氏の○○銀行△△支店の普通預金に入金されている。その普通預金の不審な現金出金の有無を検討したところ、亡くなる直前に数百万円の出金があった。相続人Ｂに出金理由を確認したところ、葬式費用の準備金であるとのことであったので、現金有り高として、相続財産に加えている。

〈例2：譲渡所得と相続財産の検討〉
　被相続人Ａ氏の当事務所保管中の所得税の申告書を検討したところ、平成○○年に1億円の株式譲渡があったので、その資金の流れを確認したところ、所在地××の賃貸住宅の建土地・築資金に使用していることを確認している。なお同物件の評価額は、土地2,000万円・建物3,000万円となっている。

12 非上場株式の評価と添付書面

非上場株式は、一物万価の代表
☆ **法人基準年度のチェック**
☆ **添付書面は、法人基準年度の適正判断**

　オーナー株主としては、自社株の評価を下げるためにあらゆる節税対策を考えます。その節税対策が一線を越えていないかどうかを検討するのが、税務監査の役割です。そのためには、法人税と相続税が連動する法人税の基準年度のチェックが必要です。その検討結果を添付書面に記載することです。

　例えば、類似業種比準価額を引き下げるため「基準年度に役員退職金を発生させている場合」や、「固定資産除却損を計上した場合」は、下記の記載例を参考にしてください。

○Ｂ社の非上場株式の評価額について

〈例１〉　相続財産のうち、Ａ氏がオーナーであったＢ社の株式の評価について、法人税基準年度にＡ氏に対する役員退職金××千万円の影響で、類似業種比準価額を大きく引き下げていたため、役員退職金に関する関係書類をチェックした。
　　取締役会議事録や株主総会議事録を確認したところ、Ａ氏は長期病気療養中による退職で、退職金の支給も決議され平成○○年○○月○○日に支給されている。
　　退職金の算定根拠も役員退職金支給規定に基づいて、支給されており、過大退職金には該当しないと判断している。

〈例２〉　相続財産のうち、Ａ氏がオーナーであったＢ社の株式の評価について、法人税の基準年度において多額の固定資産除却損の計上があったので、事実関係を確認した。
　　除却資産の除却前と除却後の写真も撮られ、決算期末月の平成○○年○○月○○日にスクラップとして処分されていた。

13 名義株・株式異動と添付書面

- 創業当時の株主は、名義株？
- 名義株の調査は、法人課税部門　同族会社の判定
- 法人税設立届と法人税申告書別表二表の推移
- 配当還元方式による株式譲渡は要チェック
- ☆ 添付書面は、名義株の検討と解消

　名義株の申告漏れは、大口の脱漏所得に発展しますので、関係書類の入念なチェックが必要です。

　また、配当還元方式によるオーナー持株の譲渡は、相続税の最大の節税対策です。この一連の取引に係る関係書類を整理して、名義株でないことの確認が必要です。添付書面には、それらの確認事項を簡潔に記載することが有効と考えています。

〈例1：名義株の検討〉
　法人設立以来、株式の変動がなかったので、名義株の有無を確認したところ、○○名義は、被相続人の名義株であることが判明した。○○名義の1,000株は、相続財産に加算している。

〈例2：配当還元方式による株式譲渡について〉
　被相続人は、生前の平成○○年○月○日に自社株10,000株を長男（現社長）の友人A氏に配当還元方式で売却していた。そこで、売却理由や取締役会の承認決議・株式売買契約書・譲渡代金の受領等の関係書類の提示を受けて検討するも問題となる事項は確認されなかった。

14 借地権控除と添付書面

- 借地権は自然発生するか？
- 通達で借地権を設定できるか？
- 無償返還届出書の提出もれでは？
- ☆ 添付書面は、当初契約の内容を確認して

　借地権控除は、土地評価の監査ポイント（第4章 5 6）で詳述していますが、関係法人への贈与を意味しています。添付書面の作成にあたっては、当初契約条項からの判断が求められます。

　民法の物件の異動は、当事者の意思によることになっており、相続人との新たな契約は、この規定に該当するおそれがあります。

〈例：関係法人Bの本社敷地の借地権について〉

　被相続人Aは、関係法人Bの本社社屋の敷地に提供していたので、当初契約を確認して借地権の有無を検討した。被相続人と関係法人Bとの不動産賃貸契約では、権利金の授受がなく、無償で返還する契約となっている。しかし、地代の改定がなされていないため、相当地代よりは低くなっている。

　相続人Cは、関係法人Bの代表者であり、新たな契約において当事者の意思を確認したところ、借地権を贈与する意思のないことを確認した。そこで、相続人Cと法人Bの連名で無償返還の届出書を提出することとし、同届出書を平成○○年○○月○○日△△税務署へ提出した。よって、借地権控除は適用していない。（添付書面不要でした。）

（注）　借地権を発生させた場合は、株式を取得する相続人に借地権相当額が偏在するため、他の相続人の了承も必要です。

15 債務明細書と添付書面

> 債務に見合う資産はどこに雲隠れ？
> 債務保証は、不正の温床
> 節税対策は、賃貸不動産の取得
> ☆ 添付書面は、資金の流れの説明

　債務の監査ポイント（第4章⑧）で詳述していますが、添付書面には、資産に計上されていない借入金の資金使途の説明が有効と考えます。記載例は、下記を参考にしてください。

　例えば、2億円の借入金に対して、不動産取得に連動するのが1億円とすると、消えた1億円が調査ポイントになります。添付書面では、この消えた1億円の資金使途を説明することが有効と考えています。

〈例1：借入金2億円について〉

　平成19年7月17日　△△銀行△△支店からの2億円の借入金は、平成7年12月5日の借入金1億円の借換えと、1億円の賃貸不動産の取得に使用されている。

　平成7年12月5日の借入金は、阪神大震災による自宅改修費用と事業再開資金に費消されている。

　また、平成19年7月17日の賃貸不動産の取得は、神戸市中央区相生町○○番地の土地代金5,000万円と建物代金5,000万円で契約書・領収書ともに確認している。

〈例2：保証債務3,000万円について〉

　保証債務3,000万円について関係書類の提示を求めて確認したところ、被相続人の親友Xに対する○○銀行△△支店の借入金3,000万円の連帯保証人によるものであった。なお、同人はすでに自己破産しており、回収の見込みのないことを確認している。

第11章

会計参与報告は税務監査で作成される

1 会計参与は内部（会計・税務）監査人

> **会計参与は内部（会計・税務）監査人**
> 会社法第333条第1項　資格は、公認会計士と税理士
>
> **取締役と共同して正確な計算書類の作成**
> 会社法第435条第2項
>
> **虚偽記載は、損害賠償・刑事罰・過料**
> 会社法第429条第2項　第964条　第976条7号
>
> ☆ **会計参与報告は、内部監査証明書？**
> 会社法第374条第1項

　会計参与の職務は、取締役と共同して計算書類及び附属明細書を作成することです。また、会計参与報告も作成しなければなりません。

　計算書類や附属明細書は、株主や債権者からの開示請求の対象です（会社法第378条第2項）。これらの書類の虚偽記載に対しては、損害賠償（会社法第429条第1項、第2項）、連帯保証（会社法第430条）、刑事上の特別背任罪（会社法第960条）、会社財産を危うくする罪（会社法第963条）等の刑事罰があります。また、過料の対象にもなります（会社法第976条第2項）。

　罰則規定は、外部監査人である会計監査人（刑法の共犯規定等）にも通じるものがあります。

　計算書類作成に当たっては、会計参与の権限（会社法第374条）を的確に行使して、正確性を担保する必要があります。権限の行使の仕方については、会計参与行動指針（参考8に掲載）に個別具体的に詳しく示されています。同指針は、「税務監査マニュアル」とも呼ぶに相応しいものです。

　よって、同指針に基づき作成される会計参与報告は、「内部監査証明書」と見ることができるのです。

○会社法

（会計参与による計算書類等の備置き等）

第378条　会計参与は、次の各号に掲げるものを、当該各号に定める期間、法務省令で定めるところにより、当該会計参与が定めた場所に備え置かなければならない。

- 一　各事業年度に係る計算書類及びその附属明細書並びに会計参与報告　定時株主総会の日の１週間（取締役会設置会社にあっては、２週間）前の日（第319条第１項の場合にあっては、同項の提案があった日）から５年間
- 二　臨時計算書類及び会計参与報告　臨時計算書類を作成した日から５年間

2　会計参与設置会社の株主及び債権者は、会計参与設置会社の営業時間内（会計参与が請求に応ずることが困難な場合として法務省令で定める場合を除く。）は、いつでも、会計参与に対し、次に掲げる請求をすることができる。ただし、第二号又は第四号に掲げる請求をするには、当該会計参与の定めた費用を支払わなければならない。

- 一　前項各号に掲げるものが書面をもって作成されているときは、当該書面の閲覧の請求
- 二　前号の書面の謄本又は抄本の交付の請求

（役員等の第三者に対する損害賠償責任）

第429条　役員等がその職務を行うについて悪意又は重大な過失があったときは、当該役員等は、これによって第三者に生じた損害を賠償する責任を負う。

2　次の各号に掲げる者が、当該各号に定める行為をしたときも、前項と同様とする。ただし、その者が当該行為をすることについて注意を怠らなかったことを証明したときは、この限りでない。

- 一　取締役及び執行役　次に掲げる行為
  - イ　株式、新株予約権、社債若しくは新株予約権付社債を引き受ける者の募集をする際に通知しなければならない重要な事項についての虚偽の通知又は当該募集のための当該株式会社の事業その他の事項に関する説明に用いた資料についての虚偽の記載若しくは記録
  - ロ　計算書類及び事業報告並びにこれらの附属明細書並びに臨時計算書類に記載し、又は記録すべき重要な事項についての虚偽の記載又は記録

ハ　虚偽の登記
　　　ニ　虚偽の公告（第440条第3項に規定する措置を含む。）
　　二　会計参与　計算書類及びその附属明細書、臨時計算書類並びに会計参与報告に記載し、又は記録すべき重要な事項についての虚偽の記載又は記録
　　四　会計監査人　会計監査報告に記載し、又は記録すべき重要な事項についての虚偽の記載又は記録

（役員等の連帯責任）
第430条　役員等が株式会社又は第三者に生じた損害を賠償する責任を負う場合において、他の役員等も当該損害を賠償する責任を負うときは、これらの者は、連帯債務者とする。

（取締役等の特別背任罪）
第960条　次に掲げる者が、自己若しくは第三者の利益を図り又は株式会社に損害を加える目的で、その任務に背く行為をし、当該株式会社に財産上の損害を加えたときは、10年以下の懲役若しくは1000万円以下の罰金に処し、又はこれを併科する。
　一　発起人
　二　設立時取締役又は設立時監査役
　三　取締役、会計参与、監査役又は執行役

（会社財産を危うくする罪）
第963条　第960条第1項第一号又は第二号に掲げる者が、第34条第1項若しくは第63条第1項の規定による払込み若しくは給付について、又は第28条各号に掲げる事項について、裁判所又は創立総会若しくは種類創立総会に対し、虚偽の申述を行い、又は事実を隠ぺいしたときは、5年以下の懲役若しくは500万円以下の罰金に処し、又はこれを併科する。

（虚偽文書行使等の罪）
第964条　次に掲げる者が、株式、新株予約権、社債又は新株予約権付社債を引き受ける者の募集をするに当たり、会社の事業その他の事項に関する説明を記

載した資料若しくは当該募集の広告その他の当該募集に関する文書であって重要な事項について虚偽の記載のあるものを行使し、又はこれらの書類の作成に代えて電磁的記録の作成がされている場合における当該電磁的記録であって重要な事項について虚偽の記録のあるものをその募集の事務の用に供したときは、5年以下の懲役若しくは500万円以下の罰金に処し、又はこれを併科する
一　第960条第1項第一号から第七号までに掲げる者

2 会計参与の行動指針(一般事項)

- 事業概況の聞き取り
- 会計帳簿の閲覧
- 必要な資料の追加請求
- ☆ 会計帳簿の誤りは、是正要求
- ☆ 不正行為の発見は、株主報告義務

　会計参与の行動指針は、日本税理士会連合会、日本公認会計士協会、日本商工会議所及び企業会計基準委員会から平成18年4月25日(平成19年5月25日改正)に公表されています。この行動指針には、監査項目が列挙されており、非常に参考となります。また、税務調査の調査展開とも類似点が多い内容となっています。

　税務調査の初動調査は、会社の事業概況を把握するため、事業内容や取引先の状況、業界の状況等を代表者に質問して調査に入りますが、行動指針(一般事項①)にも同じことが謳われています。また、帳簿調査は、会計帳簿の閲覧に該当し、「端緒は現場に」(第7章⑤)でも述べていますが、帳簿書類の正確性を確保するためには、原始記録との照合が必要です。当然、原始記録の提示を要請することになります(一般事項④)。その原始記録と帳簿書類の照合により、会計帳簿に誤りが発見された場合は、是正を要求することになります(一般事項⑤)。

　問題は、取締役が帳簿書類や原始記録の提示依頼や是正要求に応じなかった場合です。会計参与も調査官と異なり質問検査権がありませんので、閲覧を強制することはできません。行動指針では、「会計参与の報告が作成できない以上、職務執行ができないので、辞任を検討すべき」としています(一般事項⑥)。

○計算関係書類作成に当たっての行動指針（一般事項）

会計参与は、取締役と共同して計算関係書類を作成する。以下においては、会計参与が計算関係書類作成に当たって留意する一般的事項を示すこととする。

(1) 会計参与は、会社の事業及び営業取引の内容、業界の状況等の一般的知識を得るため取締役等に質問し回答を得た上で職務を遂行する。

(2) 会計参与は、専門知識の維持向上に努め、善良な管理者としての注意を払い職務を遂行する。

(3) 会計参与は、仕訳帳、総勘定元帳、補助簿及びその他の基礎資料（以下「会計帳簿等」という。）を基に計算関係書類を作成する際、一般に公正妥当と認められる企業会計の慣行、例えば中小企業にあっては「中小企業の会計に関する指針」に準拠して作成されているか取締役等に質問し又は会計帳簿等を閲覧する。

なお、「中小企業の会計に関する指針」に準拠して計算関係書類が作成されている場合には確認一覧表を使用することが望ましい。

(4) 会計参与が会計帳簿等の書類を閲覧又は謄写し、会計に関する報告を求めた結果、取締役等の作成した回答書及び計算関係書類の作成に必要な資料が不十分である場合、会計参与は取締役等に追加の資料提供を要請する。

(5) 会計帳簿等に誤りがある場合、会計参与は取締役に当該会計帳簿等を訂正するよう要請し、是正されたことを確かめる。なお、是正された旨の回答書等を得ることが望ましい。

(6) 取締役が、計算関係書類の作成に必要な資料の追加提供を拒否する場合、又は会計参与の訂正の要望に対して取締役が適切な訂正を行わない場合、結果として共同して計算関係書類を作成することができず、会計参与報告も作成できない。そのため、会計参与の職務を遂行できないと考えられる場合、会計参与は辞任について検討すべきである。

なお、検討の結果、会計参与を辞任しない場合には、会計参与は株主総会に出席し、取締役と意見を異にした事項などの意見を述べ、また会計参与を辞任した場合は、辞任後最初に召集される株主総会に出席し辞任の理由を述べることが望ましい。

3 会計参与の行動指針（個別事項）

> 勘定科目の残高⇒取締役に質問＝貸借対照表
>
> 資産・負債の期末残高＝評価の妥当性
> 原始記録と補助簿の照合　評価の妥当性を取締役に質問
>
> 収益は実現主義・費用は発生主義
>
> ☆ 異常性の存在は、専門的識見を活用して確認
>
> ☆ 前年比較の分析で、総合的な検討

　会計参与の行動指針（個別事項②③）には、貸借対照表項目の残高確認の手法を述べていますが、全般的に「取締役に質問し」という文言が入っています。

　また、同指針（個別事項⑪）に「取締役等からの報告を受けた事項や取締役等が提供した計算書類作成の基礎となる資料は真実のもので、真実と異ならない旨の書面（取締役申述書）を取締役から入手することは、取締役との関係を明確にする意味で有用である」としています。

　この項目は、公認会計士の監査基準にもないものですが、会計参与の責任の回避行為ともみえます。会計参与は、会社の機関であり、虚偽の財務諸表の作成は、会社法の罰則規定から逃れられません。

　会計参与は、公認会計士の監査基準の文言を借りれば、「①職業的専門家としての正当な注意を払い、懐疑心を保持してチェックしなければならない。②財務諸表の利用者に対する不正な報告あるいは資産の流用の隠ぺいを目的とした重要な虚偽の表示が、財務諸表に含まれる可能性を考慮して検討しなければならない」となります。

　外部監査人と内部監査人は、法律上明らかに異なりますが、専門家としての監査能力は、双方ともに求められています。

○会計参与行動指針

計算関係書類作成に当たっての行動指針（個別事項）

以下においては、会計参与が計算関係書類の作成に当たって、留意する個別的事項を示すこととする。

(1) 計算関係書類の勘定科目の残高が、総勘定元帳残高と一致することを取締役等に質問し又は総勘定元帳等を閲覧して確かめる。

(2) 資産については、重要な資産が実在しているか、回収可能性があるかなどを取締役等に質問し期末残高の評価手続の妥当性を確かめる。

(3) 負債については、すべての負債が計上されているか期末残高の評価手続について取締役等に質問し、その妥当性を確かめる。

(4) 資本金は、登記されている金額と一致しているか取締役等に質問し確かめる。また、資本金と剰余金の区分及び自己株式等の取り扱いについて取締役等に質問し、関連する総勘定元帳残高と計算関係書類の勘定科目残高の整合性を確かめる。

(5) 重要な収益・費用項目について、収益が実現主義・費用が発生主義により計上されているか取締役等に質問し、期間帰属の妥当性について確かめる。

(6) 上記以外の勘定科目において重要な残高がある場合には、上記の指針を参考に職務を実施する。

(7) 上期行為によって得た結果に異常性の存在が認められた場合には、専門的識見を活用して調査し、異常性の存在の合理性について確かめることに留意する。

(8) 後発事象や偶発事案（債務保証など）の存在について取締役等に質問し適正な処理がなされているかを確かめる。

(9) 計算関係書類の表示や注記事項が法令に定められているところに従っていることを上記手続に準じて確かめる。

(10) 総合的な検討をする際、前年比較などの分析を行うことが有用である。

(11) 取締役等からの報告を受けた事項や取締役等が提供した計算関係書類作成の基礎となる資料などは真実のもので、事実と異ならない旨の書面（取締役申述書）を取締役から入手することは、取締役との関係を明確にする意味で有用である。

4 会計参与報告作成に当たっての行動指針

> 株主・債権者に対する情報提供が目的
> ・ 共同作成した計算書類の種類
> ・ 作成のために用いた資料
> ☆ 計算書類の作成のために行った ⇒
> 　　会社法施行規則第102条 ⇒ 聴取と調査の結果

　会計参与報告は、会社法施行規則第102条第1項～第8項に明記されています。

　同規則で注目すべき項目は、第5項ロに、「当該資料の重要な事項について虚偽の記載がされていたとき」や第6項に「計算関係書類の作成に必要な資料が作成されていなかったとき又は適切に保存されていなかったとき」は、その旨及び理由を明記することになっており、まさに監査報告書の体裁を整えています。

　また第7項に「会計参与が計算関係書類の作成のために行った報告の徴収及び調査の結果」を記載することになっていることから、取締役に対する質問と提示資料の調査は、正に税務監査そのものといえます。

　一方、会計参与の行動指針では、「会計参与は、取締役と共同して計算関係書類を作成するにつき、株主及び債権者に対する情報提供を目的とする会計参与報告を作成する」ことが義務付けられています。

　ただし、共同して計算関係書類を作成できなかった場合には会計参与報告を作成できないこと、作成された会計報告書は株主総会への提出義務がなく、「備置き場所にて閲覧・交付請求のあった日現在の株主及び債権者に対して開示を認める資料であることに留意する」となっています。

○会計参与報告作成に当たっての行動指針

　会計参与は、取締役と共同して計算関係書類を作成するにつき、株主及び債権者に対する情報提供を目的とする会計参与報告を作成することが義務付けられている。

　ただし、共同して計算関係書類を作成できなかった場合には会計参与報告を作成できないこと、作成された会計参与報告は株主総会等への提出義務がなく、備置き場所にて閲覧・交付の請求のあった日現在の株主及び債権者に対して開示を認める資料であることに留意する。

○会社法施行規則

（会計参与報告の内容）

第102条　法第374条第1項の規定により作成すべき会計参与報告は、次に掲げる事項を内容とするものでなければならない。

　三　計算関係書類の作成のために採用している会計処理の原則及び手続並びに表示方法その他計算関係書類の作成のための基本となる事項であって、次に掲げる事項（重要性の乏しいものを除く。）

　　イ　資産の評価基準及び評価方法
　　ロ　固定資産の減価償却の方法
　　ハ　引当金の計上基準
　　ニ　収益及び費用の計上基準
　　ホ　その他計算関係書類の作成のための基本となる重要な事項

　四　計算関係書類の作成に用いた資料の種類その他計算関係書類の作成の過程及び方法

　五　前号に規定する資料が次に掲げる事由に該当するときは、その旨及びその理由

　　イ　当該資料が著しく遅滞して作成されたとき。
　　ロ　当該資料の重要な事項について虚偽の記載がされていたとき。

　六　計算関係書類の作成に必要な資料が作成されていなかったとき又は適切に保存されていなかったときは、その旨及びその理由

　七　会計参与が計算関係書類の作成のために行った報告の徴収及び調査の結果

5 会計参与報告は税務監査で作成される

> 税理士は、税務監査人
> 公認会計士は、財務監査人
> 中小企業の財務監査は、内部監査人（会計参与）
> 税務監査⇒会計参与調書
> ☆ 会計参与報告は、税務監査で作成される

　近畿税理士会発行の会計参与業務マニュアルには、「税理士は、『税務のプロフェッショナル』ですが、会計参与への就任は、『会計のスペシャリスト』から『会計のプロフェッショナル』への移行の試金石になると思われる」と、会計参与の心構えが述べられています。

　会計参与報告の行動指針⑤～⑦には、

⑤　重要な事項について、虚偽（誤謬によるものを含む。）の記載がされていたときは、その旨及びその理由

⑥　計算関係書類の作成に必要な資料が作成されていなかったとき又は保存が適切にされていなかったときは、その旨及びその理由

⑦　計算関係書類の作成のために行った報告の徴収及び調査の結果

等を記載することになっています。特に⑤の虚偽の記載があるかどうかは、税務監査を実施しなければ把握されないのです。

　会計参与報告書を作成されるには、会計参与行動指針に基づく税務監査を実施しなければ作成できません。会計参与の行動指針は、正に税務監査そのものですが、財務監査や税務監査という文言は一言も使われていません。税務監査が社会的認知されていないためですが、筆者は、税務監査で会計参与報告が作成されると考えています。

第12章

税理士の使命は
税務監査で達成される

1 税理士法に税務監査業務の創設

> 税理士の使命
> ・ 税務に関する専門家
> ・ 独立した公正な立場
> ・ 納税義務の適正な実現を図る
> 　　　　⇒⇒ 税務監査が必須条件
> 　　　　☆税務監査業務を税理士法に

　国税庁が達成すべき三大目標の一つに、税理士業務の適正な運営確保が掲げられています。その基本的な考え方に「税理士は、税務に関する専門家として、独立した公正な立場において、申告納税制度の理念に沿って、納税義務者の信頼にこたえ、租税に関する法令に規定された納税義務の適正な実現を図るという使命を負っています（税理士法第1条）。…（中略）…これらを踏まえ、国税庁は税理士が申告納税制度の適正かつ円滑な運営に重要な役割を果たすよう、税理士法に基づき、税理士に対する適切な指導監督を行い、その業務の適正な運営の確保に努めます」と目標が掲げられています。

　税理士の使命である納税義務の適正な実現を図るには、中小企業の会計に関する指針に基づく業務チェックリストを作成して、会計帳簿の正確性を担保しなければ、達成できないことは明らかです。それを証明しているのが会計参与の行動指針です。

　当指針は本来「税理士の行動指針」になるべきものです。税理士法に税務監査業務がないため、会社法による会計参与権限である帳簿書類調査権を活用して同指針が作成されています。

第12章　税理士の使命は税務監査で達成される

　日本の中小企業280万社の帳簿書類の正確性の確保は、我々税理士が日常実施している税務監査で確保されています。その行為を社会に認知させるには、税理士の業務に「税務監査」の創設が必要です。
　国税庁の税務監査に関する考え方は、下記の衆議院大蔵委員会の質疑応答で簡潔に示されていますが、時代が大きく変わっています。

〈昭和54年6月1日衆議院大蔵委員会質疑応答〉

○愛知委員　次に、公認会計士の行う業務分野との関連につきまして確認をしておきたい点が一つ二つございます。
　最初に、会計業務でございますが、会計業務は現行法上だれでも行い得る業務でありますけれども、これをこのたびの改正では税理士の付随業務として規定をしたわけでございますが、その目的とするところはどういうところでございますか。

●高橋（元）政府委員　仰せのとおり、財務書類を作成いたしますとか、会計帳簿を作成いたしますとか、そういうことの代行という会計業務は自由業務でございます。税法に基づく税務計算と申しますのは、会社経理ないし会計経理に関する知識を踏まえて、その基礎の上で必要な調整計算を行っていくということでありますので、実際面においてもこういう意味で、財務書類の作成、記帳の代行といった会計業務が税理士さんのお仕事の中で相当のウエートを持っているだろうと思います。
　今度御提案申し上げております改正案で第2条に2項を置きましたのは、こういう現実を踏まえまして、税務代理、税務書類の作成、税務相談という2条1項各号に掲げております本来の税理士業務の委嘱を受けた納税義務者について、税理士業務に付随して会計業務を行うことができるということを確認的に明らかにする、それによって税理士の社会的信用保持という面での効果を期待しようということであります。
　この法に新しく御提案しております2条2項の中にもありますように、他の法律においてその事務を業として行うことが制限されているような会計業務につきましては、この2項を新しく設けましたからといって税理士さんができる

ということでないわけで、公認会計士のやっておられる財務書類の監査、証明のようなものがこれによって税理士の業務に取り込まれるわけでは全くないということと、納税義務者の委嘱を受けなくて会計業務を税理士さんが一般的におやりになるということ、これは自由業務でありますから、それが制限されるわけではない、こういう合意を持っておるわけでございます。

○愛知委員　重ねて確認をさせていただきますと、今回のこの新しい規定によって従来公認会計士が行っております分野にいささかの変更もない、税理士がその分野に進出をしてきて公認会計士の従来からやっておりました分野が侵されるようなことはない、そのように解釈してよろしゅうございますか。

●高橋（元）政府委員　先ほどもお答え申し上げましたように、これは本来自由業務である会計業務というもの、それを行うことができることを確認的に明らかにしたわけでございますから、この新しい２項を置きますことによって、公認会計士、税理士、それぞれの分野に法律上の変更があるというふうには考えないわけでございます。

○愛知委員　次に、第33条の２の第２項に他人の作成した申告書を、審査した場合の書面添付の規定が設けられましたけれども、この申告書には財務書類は含まれるのかどうか。

●福田政府委員　含まれません。

○愛知委員　財務書類が含まれないといたしましても、その申告書が租税に関する法令の規定に従っているかどうかを審査するためには、財務書類にさかのぼって確かめる必要があるのではないかと思われますが、いかがでしょうか。

●福田政府委員　あくまで法律上は申告書でありまして、租税法に基づいて適正につくられておるかということを審査するという趣旨であります。その関連で財務書類に及ぶことがあるにしましても、これは本来の趣旨ではありません。

第12章　税理士の使命は税務監査で達成される

○**愛知委員**　財務書類について検討するということは、いわゆる公認会計士の独占業務となっている監査に該当するわけでございますが、ただいまの御答弁でございますと、公認会計士法第47条の2に抵触をするようなことはないと解釈してよろしゅうございますか。

●**福田政府委員**　公認会計士の行います監査、証明制度、これに基づく業務と抵触しないようにというふうに考えております。

○**愛知委員**　以上、2つの点につきまして確認をさせていただきましたが、それをまとめるような意味で、今回の税理士法の改正というのはその趣旨からいって、公認会計士制度とはいささかも抵触をしない、公認会計士は公認会計士として、その業務、社会的な要請については従来どおりのその使命を果たしていく、将来にわたっても、この税理士、公認会計士という2つの制度が万が一にでも一緒になるといいますか、そういうような方向にあるのではない、このように解釈をしてよろしゅうございますか。

●**福田政府委員**　御質問のとおりであります。

2 会社法に税務監査人の創設

> **税理士の付随業務は、財務書類の作成**
> 税理士法第2条第2項⇒会社法第432条・第435条
> ⇒法人税施行規則第35条⇒税理士法第1条
>
> **会社法の求める正確な会計帳簿**
>
> **法人税法が求めるB/S・P/L**
>
> 中小企業の正確な会計帳簿は、
>
> ⇒税理士の税務監査で達成される
>
> ☆会社法に税務監査人を

　税理士が作成する財務諸表や会計帳票が、会社法の求める正確な会計帳簿に連動しています。また、正確な会計帳簿から作成される決算書は、法人税の確定申告書の添付書類にも連動しています。これらの互いに連動する財務諸表の正確性を確保するには、税理士によるチェックが必要であり、税務監査を法律的に認めていくことが、中小企業を守る最短距離の方策と考えています。

　公認会計士の「財務監査」と、一線を引くには、税理士法に「税務監査業務」と会社法に「税務監査人」の創設が求められます。

○**会社法**
第432条　株式会社は、法務省令で定めるところにより、適時に、正確な会計帳簿を作成しなければならない。

第435条

2　株式会社は、法務省令で定めるところにより、各事業年度に係る計算書類及び事業報告並びにこれらの附属明細書を作成しなければならない。

　法人税法施行規則第35条が確定申告書の添付書類として財務省令が定める書類は、当該事業年度の貸借対照表及び損益計算書・株主資本等変動計算書・勘定科目内訳明細書等に関する書類等」

参 考

(参考1)

> 平成19事務年度　国税庁が達成すべき目標に対する実績の評価に関する実施計画

実績目標1　内国税の適正かつ公正な課税の賦課及び徴収
　　　　　　（適正かつ公平な税務行政の推進）

　業績目標1-2-2 適正申告の実現に努めるとともに、申告が適正でないと認められる納税者に対しては、的確な調査・指導を実施することにより誤りを是正します。
1．業績目標に関する基本的な考え方
　適正申告の実現を図るため、有効な資料情報の収集・分析に努め、申告が適正でないと認められる納税者に対して、的確な調査・指導を実施します。なお、経済社会の国際化、高度情報化の進展などを背景とした新たな分野への対応にも努めます。
2．施策に関する基本的考え方
(1) 有効な資料情報の収集・分析
　　資料情報は、適正・公平な課税を実現するために必要不可欠なものであることから、法律で提出が義務付けられている調書（法定資料）の適正な提出を確保するための方策を講ずるほか、社会経済情勢に着目した有効な資料情報について、あらゆる機会を通じた収集に努めます。
　イ　法定資料
　　　法定資料の提出義務者に対しては、適正な法定資料の期限内提出について、各種説明会等を通じた広報活動に努めるとともに、法定資料の未提出者に対しては、適宜に提出義務の説明を行うほか、必要に応じて調査（法定監査）を行うなど的確な指導を行います。
　ロ　法定資料以外の資料情報
　　　法定資料以外の資料情報については、収集体制を充実させるとともに、経済取引の国際化、高度情報化、複雑化、広域化等の動向を常に先取りしながら、投資ファンドなどの新しい取引形態等に着目するなど、有効な資料情報を積極的に収集し分析して活用します。
(2) 的確な調査等の実施
　イ　調査事務量の確保
　　　申告が適正でないと認められる納税者に対してより一層的確な調査・指導を実施するため、各種事務について不断の見直しを行うとともに、事務処理のＩ

T化、外部委託化等を推進することにより、事務の効率的な実施に努め、調査に係る事務量を可能な限り確保するよう努めます。
　ロ　高額・悪質重点の調査の実施
　　　調査に当たっては、申告内容や資料情報等の分析・検討を通じて、高額・悪質な不正計算が想定される納税者など調査必要度の高いものに重点を置き、深度ある調査の実施に努めます。
　　　また、経済社会の広域化、複雑化等に対応していくため、広域的に事業展開する納税者や複数税目に関係する納税者などに対しては、実態を十分に把握した上で、実態に応じた適切な調査体制を編成して対応するなど税務当局の組織力を最大限に活用した調査に努めます。
　ハ　簡易な接触
　　　資料情報等から見て所得の申告漏れが明らかな場合や計算誤り等により是正が必要な場合は、来署依頼などを行い、幅広く接触を図ることとしており、今後とも効率的な処理に努めます。
　ニ　調査の際の指導
　　　調査の際には、誤りを指導してそれを是正するだけにとどまらず、その内容を納税者の皆様に分かりやすく説明し、理解が得られるよう配意します。更に、修正申告のしょうように当たっては、修正申告に伴う法的効果を確実に教示するなど、これを契機に納税者の皆様が税務知識を深め、将来にわたって自主的に適正な申告と納税ができるよう努めます。
　ホ　納税者の負担軽減等
　　　所得税や法人税の調査を実施する際には、併せて消費税、源泉所得税等の他税目も同時に調査を実施するほか、できるだけ迅速に進めるよう努めるなど、納税者の皆様の負担軽減と事務の効率性に配意します。
　ヘ　大法人への的確な対応
　　　国税局調査部（課）が所管する大法人は、我が国経済に占めるウエートが大きく、また、それぞれの業界・地域をリードする法人でもあり、全納税者の納税道義に及ぼす影響が大きいことから、これら大法人に対する的確かつ深度ある調査の実施に努めます。
(3)　国際化、高度情報化への的確な対応
　　国際化、高度情報化の進展に伴う、様々な事業体や金融手法等を駆使した国際取引や電子商取引等の拡大に対しては、国税局と税務署の関係部署が一体となっ

て組織横断的に資料情報の収集を行うとともに、的確かつ深度ある調査に努めます。

また、移転価格税制に対しても、調査や事前確認等を通じて適切に対応します。
(4) 大口・悪質な脱税者に対する厳正な対応

偽りその他不正の行為により故意に税金を免れた者など特に大口・悪質な脱税者に対しては、査察調査を行って検察官に告発し、刑事訴追を求めるなど厳正に対処します。

実績目標3：税理士業務の適正な運営の確保

1．実績目標に関する基本的考え方

税理士は、税務に関する専門家として、独立した公正な立場において、申告納税制度の理念に沿って、納税義務者の信頼にこたえ、租税に関する法令に規定された納税義務の適正な実現を図るという使命を負っています（税理士法第1条）。

このため、税理士の業務である①税務代理、②税務書類の作成、③税務相談（税理士法第2条）は、たとえ無償であっても税理士でない者は行ってはならない（税理士法第52条）こととされ、いわゆる無償独占業務とされています。

これらを踏まえ、国税庁は税理士が申告納税制度の適正かつ円滑な運営に重要な役割を果たすよう、税理士法に基づき、税理士に対する適切な指導監督を行い、その業務の適正な運営の確保に努めます。

2．重点的に進める施策

該当なし

3．施策に関する基本的考え方
(1) 税理士会等との連絡協調の推進

申告納税制度の適正かつ円滑な実現を図る上で、公共的使命を担う税理士会等が果たすべき役割は、極めて大きなものがあります。

そのため、税理士の資質の向上等の観点から税理士会及び日本税理士会連合会との協議等を通じて、税理士業務の適正な運営の確保や正確な税法の理解が図られるよう努めます。

特に、税理士は税理士会及び日本税理士会連合会が行う研修を受け、その資質の向上を図るよう努めなければならない（税理士法第39条の2）とされていることを踏まえ、税理士会及び日本税理士会連合会が開催する説明会や研修会への講師派遣に努めます。

また、講師派遣した説明会や研修会については、「研修のテーマ」や「説明の分かりやすさ」などについてのアンケート調査を行っており、その上位評価割合が高まるよう、結果を分析・検討し、説明会等の内容の充実に努めます。

(2) 書面添付制度の育成

　平成13年５月の税理士法改正（平成14年４月１日施行）により、税理士からの意見聴取制度が拡充され、新書面添付制度（税理士法第33条の２）が導入されました。この制度は、税理士が申告書の作成に関し、計算し、整理し、又は相談に応じた事項を記載した書面を申告書に添付することができ、この書面が添付されている申告書を提出した納税者について税務調査を実施しようとする場合には、その通知前に、税務代理権限証書を提出している税理士に対し、添付された書面に記載された事項に関し意見を述べる機会を与えなければならないというものです。

　このように、この制度は、正確な申告書の作成・提出に資するとともに、税務行政の円滑化が図られ、ひいては信頼される税理士制度の確立に結び付くものであることから、添付書面の記載内容の充実が図られるよう、本年度においては、書面の記載状況などについて、税理士会等と協議を行い、一層の充実に努めるとともに、意見聴取の機会を積極的に活用するなど、この制度を尊重し、育成することに努めます。

(3) e-Taxの普及に向けた取組

　税理士会等に対して、平成18年６月に日本税理士会連合会が設定した、平成22年までに税理士の50％が電子申告を行うとの数値目標の達成を含めe-Taxの普及に向けた取組を更に促進するよう協力要請を行っており、税理士本人及び関与先の申告等手続の利用について、税理士会との協議会などあらゆる機会を通じて周知を図るとともに、税理士会及び日本税理士会連合会が開催するe-Taxに係る説明会や研修会への講師派遣に努めます。

(4) 税理士等に対する的確な指導監督

　税理士制度に対する国民の信頼を確保するため、税理士会等との協議会を設けるなど、あらゆる機会を活用して注意喚起を行い税理士の非行の未然防止に努めます。また、各種情報等の収集に努め、税理士法に基づく調査を的確に実施するなど、税理士法に違反する行為を行っている税理士等に対しては、厳正に対処します。

(参考2)

法人税の重加算税通達

平成12年7月3日

国税局長　殿
沖縄国税事務所長　殿

国税庁長官

法人税の重加算税の取扱いについて（事務運営指針）

標題のことについて、国税通則法（以下「通則法」という。）第68条第1項又は第2項の規定の適用に関し留意すべき事項等を下記のとおり定めたから、今後処理するものからこれにより取り扱われたい。

（趣旨）

法人税の重加算税の賦課に関する取扱基準の整備等を図ったものである。

記

第1　賦課基準

（隠ぺい又は仮装に該当する場合）

1　通則法第68条第1項又は第2項に規定する「国税の課税標準等又は税額等の計算の基礎となるべき事実の全部又は一部を隠ぺいし、又は仮装し」とは、例えば、次に掲げるような事実（以下「不正事実」という。）がある場合をいう。

(1) いわゆる二重帳簿を作成していること。
(2) 次に掲げる事実（以下「帳簿書類の隠匿、虚偽記載等」という。）があること。
　① 帳簿、原始記録、証ひょう書類、貸借対照表、損益計算書、勘定科目内訳明細書、棚卸表その他決算に関係のある書類（以下「帳簿書類」という。）を、破棄又は隠匿していること
　② 帳簿書類の改ざん（偽造及び変造を含む。以下同じ。）、帳簿書類への虚偽記載、相手方との通謀による虚偽の証ひょう書類の作成、帳簿書類の意図的な集計違算その他の方法により仮装の経理を行っていること
　③ 帳簿書類の作成又は帳簿書類への記録をせず、売上げその他の収入（営業外の収入を含む。）の脱ろう又は棚卸資産の除外をしていること
(3) 特定の損金算入又は税額控除の要件とされる証明書その他の書類を改ざんし、又は虚偽の申請に基づき当該書類の交付を受けていること。
(4) 簿外資産（確定した決算の基礎となった帳簿の資産勘定に計上されていない資

産をいう。）に係る利息収入、賃貸料収入等の果実を計上していないこと。
 (5) 簿外資金（確定した決算の基礎となった帳簿に計上していない収入金又は当該帳簿に費用を過大若しくは架空に計上することにより当該帳簿から除外した資金をいう。）をもって役員賞与その他の費用を支出していること。
 (6) 同族会社であるにもかかわらず、その判定の基礎となる株主等の所有株式等を架空の者又は単なる名義人に分割する等により非同族会社としていること。

(使途不明金及び使途秘匿金の取扱い)
2 使途不明の支出金に係る否認金につき、次のいずれかの事実がある場合には、当該事実は、不正事実に該当することに留意する。
 なお、当該事実により使途秘匿金課税を行う場合の当該使途秘匿金に係る税額に対しても重加算税を課すことに留意する。
 (1) 帳簿書類の破棄、隠匿、改ざん等があること。
 (2) 取引の慣行、取引の形態等から勘案して通常その支出金の属する勘定科目として計上すべき勘定科目に計上されていないこと。

(帳簿書類の隠匿、虚偽記載等に該当しない場合)
3 次に掲げる場合で、当該行為が相手方との通謀又は証ひょう書類等の破棄、隠匿若しくは改ざんによるもの等でないときは、帳簿書類の隠匿、虚偽記載等に該当しない。
 (1) 売上げ等の収入の計上を繰り延べている場合において、その売上げ等の収入が翌事業年度（その事業年度が連結事業年度に該当する場合には、翌連結事業年度。(2)において同じ。）の収益に計上されていることが確認されたとき。
 (2) 経費（原価に算入される費用を含む。）の繰上し計上をしている場合において、その経費がその翌事業年度に支出されたことが確認されたとき。
 (3) 棚卸資産の評価換えにより過小評価をしている場合。
 (4) 確定した決算の基礎となった帳簿に、交際費等又は寄附金のように損金算入について制限のある費用を単に他の費用科目に計上している場合。

(不正に繰戻し還付を受けた場合の取扱い)
4 法人が法人税法第80条の規定により欠損金額につき繰戻し還付を受けた場合において、当該欠損金額の計算の基礎となった事実のうちに不正事実に該当するものがあるときは、重加算税を課すことになる。

(隠ぺい仮装に基づく欠損金額の繰越しに係る重加算税の課税年度)
5 前事業年度以前の事業年度において、不正事実に基づき欠損金額を過大に申告し、

その過大な欠損金額を基礎として欠損金額の繰越控除をしていた場合において、その繰越控除額を否認したときは、その繰越控除をした事業年度について重加算税を課すことになる。

　なお、欠損金額の生じた事業年度は正しい申告であったが、繰越欠損金額を控除した事業年度に不正事実に基づく過少な申告があり、その後の事業年度に繰り越す欠損金額が過大となっている場合に、当該その後の事業年度において過大な繰越欠損金額を基礎として繰越控除をしているときも同様とする。

　(注)　繰越控除をした欠損金額のうちに法人税法第57条第6項の規定により欠損金額とみなされた連結欠損金個別帰属額がある場合において、その欠損金額とみなされた金額が不正事実に基づき過大に繰り越されているときについては、本文の取扱いを準用する。

(隠ぺい仮装に基づく最後事業年度又は分割前事業年度の欠損金相当額の損金算入に係る重加算税の課税年度)

6　法人税法施行令第112条第12項の規定を適用するに当たり、次に掲げる法人がそれぞれ次に掲げる欠損金額を不正事実に基づき過大に申告し、その過大な欠損金額を同項に規定する連結法人である内国法人の最後事業年度又は分割前事業年度（以下「最後事業年度等」という。）の損金の額に算入していた場合において、その損金算入額を否認したときは、その損金算入をした最後事業年度等（所得金額が生じるものに限る。）について重加算税を課すことになる。

⑴　同項第1号に規定する被合併法人　同号に規定する合併の日の前日の属する事業年度において生じた欠損金額

⑵　同項第2号に規定する分割法人　同号に規定する合併類似適格分割型分割の日の前日の属する事業年度において生じた欠損金額

⑶　同項第3号に規定する内国法人　同号に規定する分割型分割の日の前日の属する事業年度において生じた欠損金額

　　なお、同項に規定する連結法人（連結子法人に限る。）が、同項に規定する分割前事業年度終了の日の翌日から当該翌日の属する連結親法人事業年度終了の日までの間に法人税法第4条の5第2項第4号又は第5号の規定により連結納税の承認を取り消された場合において、当該分割前事業年度の損金算入額を否認しても当該分割前事業年度では所得金額が生じなかったため、その後の事業年度に繰り越す欠損金額が過大となっているときには、その過大な繰越欠損金額を基礎として繰越控除をしている事業年度について重加算税を課すことになる。

参　考

第2　重加算税の計算

(重加対象税額の計算の基本原則)
1　重加算税の計算の基礎となる税額は、通則法第68条及び国税通則法施行令第28条の規定により、その基因となった更正、決定、修正申告又は期限後申告（以下「更正等」という。）があった後の税額から隠ぺい又は仮装をされていない事実だけに基づいて計算した税額を控除して計算するのであるが、この場合、その隠ぺい又は仮装をされていない事実だけに基づいて計算した税額の基礎となる所得金額は、その更正等のあった後の所得金額から不正事実に基づく所得金額（以下「重加対象所得」という。）を控除した金額を基に計算する。

(重加対象所得の計算)
2　第2の1の場合において、重加対象所得の計算については、次による。
 (1)　不正事実に基づく費用の支出等を認容する場合には、当該支出等が不正事実に基づく益金等の額（益金の額又は損金不算入額として所得金額に加算するものをいう。以下同じ。）との間に関連性を有するものであるときに限り、当該支出等の金額は不正事実に基づく益金等の額の減算項目とする。
 (2)　交際費等又は寄附金のうちに不正事実に基づく支出金から成るものとその他の支出金から成るものとがあり、かつ、その交際費等又は寄附金のうちに損金不算入額がある場合において、当該損金不算入額のうち重加算税の対象となる金額は、その損金不算入額から不正事実に基づく支出がないものとして計算した場合に計算される損金不算入額を控除した金額とする。
 (3)　過大に繰越控除をした欠損金額のうちに、不正事実に基づく過大控除部分と不正事実以外の事実に基づく過大控除部分とがある場合には、過大に繰越控除をした欠損金額は、まず不正事実に基づく過大控除部分の欠損金額から成るものとする。

(不正に繰戻し還付を受けた場合の重加対象税額の計算)
3　第1の4に該当する場合において、当該欠損金額のうちに不正事実に基づく部分と不正事実以外の事実に基づく部分とがあるときは、重加算税の計算の基礎となる税額は、次の算式により計算した金額による。

$$\text{法人税法第80条の規定により還付した金額} \times \frac{\text{不正事実に基づく欠損金額}}{\text{繰戻しをした欠損金額}}$$

(重加算税を課す留保金額の計算等)
4　同族会社が重加対象所得から留保した部分の金額（以下「留保金額」という。）に

225

対して課される法人税法第67条第1項《同族会社の特別税率》の規定による法人税額については、重加算税を課すことになる。この場合、その課税の対象となる留保金額は、更正等の後の留保金額から重加算税を課さない部分の留保金額を控除して計算するものとし、その重加算税を課さない部分の留保金額の計算については、その計算上控除すべき同法第67条第2項の法人税額並びに道府県民税及び市町村民税の額は、その不正事実以外の事実に基づく所得金額について計算した金額による。

(参考3)

相続税及び贈与税の重加算税通達

平成12年7月3日

国税局長　殿
沖縄国税事務所長　殿

国税庁長官

相続税及び贈与税の重加算税の取扱いについて（事務運営指針）

標題のことについて、国税通則法（以下「通則法」という。）第68条第1項又は第2項の規定の適用に関し留意すべき事項等を下記のとおり定めたから、今後処理するものからこれにより取り扱われたい。

（趣旨）

相続税及び贈与税の重加算税の賦課に関する取扱基準の整備等を図ったものである。

記

第1　賦課基準

通則法第68条第1項又は第2項に規定する「納税者がその国税の課税標準等又は税額等の計算の基礎となるべき事実の全部又は一部を隠ぺいし、又は仮装し」とは、例えば、次に掲げるような事実（以下「不正事実」という。）がある場合をいう。

1　相続税関係

(1) 相続人（受遺者を含む。）又は相続人から遺産（債務及び葬式費用を含む。）の調査、申告等を任せられた者（以下「相続人等」という。）が、帳簿、決算書類、契約書、請求書、領収書その他財産に関する書類（以下「帳簿書類」という。）について改ざん、偽造、変造、虚偽の表示、破棄又は隠匿をしていること。

(2) 相続人等が、課税財産を隠匿し、架空の債務をつくり、又は事実をねつ造して課税財産の価額を圧縮していること。

(3) 相続人等が、取引先その他の関係者と通謀してそれらの者の帳簿書類について改ざん、偽造、変造、虚偽の表示、破棄又は隠匿を行わせていること。

(4) 相続人等が、自ら虚偽の答弁を行い又は取引先その他の関係者をして虚偽の答弁を行わせていること及びその他の事実関係を総合的に判断して、相続人等が課税財産の存在を知りながらそれを申告していないことなどが合理的に推認し得ること。

(5) 相続人等が、その取得した課税財産について、例えば、被相続人の名義以外の

名義、架空名義、無記名等であったこと若しくは遠隔地にあったこと又は架空の債務がつくられてあったこと等を認識し、その状態を利用して、これを課税財産として申告していないこと又は債務として申告していること。

2 贈与税関係
(1) 受贈者又は受贈者から受贈財産（受贈財産に係る債務を含む。）の調査、申告等を任せられた者（以下「受贈者等」という。）が、帳簿書類について改ざん、偽造、変造、虚偽の表示、破棄又は隠匿をしていること。
(2) 受贈者等が、課税財産を隠匿し、又は事実をねつ造して課税財産の価額を圧縮していること。
(3) 受贈者等が、課税財産の取得について架空の債務をつくり、又は虚偽若しくは架空の契約書を作成していること。
(4) 受贈者等が、贈与者、取引先その他の関係者と通謀してそれらの者の帳簿書類について改ざん、偽造、変造、虚偽の表示、破棄又は隠匿を行わせていること。
(5) 受贈者等が、自ら虚偽の答弁を行い又は贈与者、取引先その他の関係者をして虚偽の答弁を行わせていること及びその他の事実関係を総合的に判断して、受贈者等が課税財産の存在を知りながらそれを申告していないことなどが合理的に推認し得ること。
(6) 受贈者等が、その取得した課税財産について、例えば、贈与者の名義以外の名義、架空名義、無記名等であったこと又は遠隔地にあったこと等の状態を利用して、これを課税財産として申告していないこと。

第2 重加算税の計算

重加算税の計算の基礎となる税額は、通則法第68条及び国税通則法施行令第28条の規定により、その基因となった更正、決定、修正申告又は期限後申告（以下「更正等」という。）があった後の税額から隠ぺい又は仮装されていない事実のみに基づいて計算した税額（A）を控除して計算するのであるが、この場合、次の点に留意する。

(1) 相続税の場合
　イ　上記Aを算出する上で基となる相続税の総額の基礎となる各人の課税価格の合計額は、その更正等のあった後の各人の課税価格の合計額からその者の不正事実に基づく部分の価額（以下「重加対象価額」という。）を控除した金額を基に計算する。
　ロ　各人の税額計算を行う上で、上記Aの基礎となるその者の課税価格は、その

更正等のあった後のその者の課税価格から当該課税価格に係るその者の重加対象価額を控除した金額を基に計算する。

　(注)　重加対象価額の基となる財産に対応することが明らかな控除もれの債務（控除不足の債務を含む。）がある場合には、当該財産の価額から当該債務の金額を控除した額が重加対象価額となる。

(2)　贈与税の場合

上記Aの基礎となる課税価格は、その更正等のあった後の課税価格から重加対象価額を控除した金額を基に計算する。

(参考4)

所得税の重加算税通達

平成12年7月3日

国税局長　殿

沖縄国税事務所長　殿

国税庁長官

申告所得税の重加算税の取扱いについて（事務運営指針）

　標題のことについて、国税通則法（以下「通則法」という。）第68条第1項又は第2項の規定の適用に関し留意すべき事項等を下記のとおり定めたから、今後処理するものからこれにより取り扱われたい。

(趣旨)

　申告所得税の重加算税の賦課に関する取扱基準の整備等を図ったものである。

記

第1　賦課基準

(隠ぺい又は仮装に該当する場合)

1　通則法第68条第1項又は第2項に規定する「国税の課税標準等又は税額等の計算の基礎となるべき事実の全部又は一部を隠ぺいし、又は仮装し」とは、例えば、次に掲げるような事実（以下「不正事実」という。）がある場合をいう。

　なお、隠ぺい又は仮装の行為については、特段の事情がない限り、納税者本人が当該行為を行っている場合だけでなく、配偶者又はその他の親族等が当該行為を行っている場合であっても納税者本人が当該行為を行っているものとして取り扱う。

(1)　いわゆる二重帳簿を作成していること。

(2)　(1)以外の場合で、次に掲げる事実（以下「帳簿書類の隠匿、虚偽記載等」という。）があること。

　① 　帳簿、決算書類、契約書、請求書、領収書その他取引に関する書類（以下「帳簿書類」という。）を、破棄又は隠匿していること

　② 　帳簿書類の改ざん、偽造、変造若しくは虚偽記載、相手方との通謀による虚偽若しくは架空の契約書、請求書、領収書その他取引に関する書類の作成又は帳簿書類の意図的な集計違算その他の方法により仮装を行っていること

　③ 　取引先に虚偽の帳簿書類を作成させる等していること

(3)　事業の経営、売買、賃貸借、消費貸借、資産の譲渡又はその他の取引（以下

参 考

「事業の経営又は取引等」という。）について、本人以外の名義又は架空名義で行っていること。

　　ただし、次の①又は②の場合を除くものとする。
① 配偶者、その他同居親族の名義により事業の経営又は取引等を行っているが、当該名義人が実際の住所地等において申告等をしているなど、税のほ脱を目的としていないことが明らかな場合
② 本人以外の名義（配偶者、その他同居親族の名義を除く。）で事業の経営又は取引等を行っていることについて正当な事由がある場合

(4) 所得の源泉となる資産（株式、不動産等）を本人以外の名義又は架空名義により所有していること。

　　ただし、(3)の①又は②の場合を除くものとする。

(5) 秘匿した売上代金等をもって本人以外の名義又は架空名義の預貯金その他の資産を取得していること。

(6) 居住用財産の買換えその他各種の課税の特例の適用を受けるため、所得控除若しくは税額控除を過大にするため、又は変動・臨時所得の調整課税の利益を受けるため、虚偽の証明書その他の書類を自ら作成し、又は他人をして作成させていること。

(7) 源泉徴収票、支払調書等（以下「源泉徴収票等」という。）の記載事項を改ざんし、若しくは架空の源泉徴収票等を作成し、又は他人をして源泉徴収票等に虚偽の記載をさせ、若しくは源泉徴収票等を提出させていないこと。

(8) 調査等の際の具体的事実についての質問に対し、虚偽の答弁等を行い、又は相手先をして虚偽の答弁等を行わせていること及びその他の事実関係を総合的に判断して、申告時における隠ぺい又は仮装が合理的に推認できること。

（帳簿書類の隠匿、虚偽記載等に該当しない場合）

2　次に掲げる場合で、当該行為が、相手方との通謀による虚偽若しくは架空の契約書等の作成等又は帳簿書類の破棄、隠匿、改ざん、偽造、変造等によるもの等でないときは、帳簿書類の隠匿、虚偽記載等に該当しない。

(1) 収入金額を過少に計上している場合において、当該過少に計上した部分の収入金額を、翌年分に繰り越して計上していること。

(2) 売上げに計上すべき収入金額を、仮受金、前受金等で経理している場合において、当該収入金額を翌年分の収入金額に計上していること。

(3) 翌年分以後の必要経費に算入すべき費用を当年分の必要経費として経理してい

る場合において、当該費用が翌年分以後の必要経費に算入されていないこと。

第2　重加算税の計算

（重加対象税額の計算の基本原則）

　重加算税の計算の基礎となる税額は、通則法第68条及び国税通則法施行令第28条の規定により、その基因となった更正、決定、修正申告又は期限後申告（以下「更正等」という。）があった後の所得税の額から隠ぺい又は仮装されていない事実のみに基づいて計算した所得税の額を控除して計算するのであるが、この場合、その隠ぺい又は仮装されていない事実のみに基づいて計算した所得税の額の基礎となる所得金額は、その更正等のあった後の所得金額から不正事実に基づく所得金額（以下「重加対象所得」という。）を控除した金額を基に計算する。

（重加対象所得の計算）

2　第2の1の場合において、重加対象所得の計算については、次による。

(1) 必要経費として新たに認容する経費のうちに、不正事実に基づく収入金額を得るのに必要な経費と認められるものがある場合には、当該経費を不正事実に基づく収入金額から控除する。

　　ただし、簿外の収入から簿外の必要経費を支出している場合において、簿外の収入に不正事実に基づく部分の金額とその他の部分の金額とがある場合には、当該簿外の必要経費は、まず、不正事実に基づく部分の金額から控除し、控除しきれない場合に限り、当該控除しきれない必要経費の金額を当該その他の部分の金額から控除する。

(2) 過大に繰越控除をした純損失の金額又は雑損失の金額のうちに、不正事実に基づく過大控除部分とその他の部分とがあり、当該損失の金額の全部又は一部が否認された場合における重加対象所得の計算に当たっては、まず、不正事実以外の事実に基づく損失の金額のみが否認されたものとして計算することに留意する。

　　すなわち、不正事実に基づく過大の純損失又は雑損失から順次繰越控除していたものとすることに留意する。

　　なお、純損失の金額又は雑損失の金額は正当であっても、その損失を生じた年分の翌年分以後の年分において、不正事実に基づき所得金額を過少にすることにより、当該所得金額を過少にした年分の翌年分以後の年分に繰越控除した損失の金額を否認した場合には、不正事実に基づく純損失又は雑損失を繰り越していたものとみなして重加対象所得の計算を行うこととする。

(参考5)

法人税の新書面添付通達

平成14年3月14日

国税局長　殿
沖縄国税事務所長　殿

国税庁長官

税理士法の一部改正に伴う法人課税部門における新書面添付制度の運用に当たっての基本的な考え方及び事務手続等について（事務運営指針）

標題のことについては、下記のとおり定めたから、貴管下職員に周知徹底の上、適切な運営を図られたい。

（趣旨）

平成13年度の税制改正において、税理士法（以下単に「法」という。）の一部が改正され、法第33条の2及び法第35条の規定に基づく書面添付制度が拡充された。本改正では、従来の更正前の意見陳述に加えて、税務代理を行う税理士又は税理士法人（以下「税理士等」という。）が計算事項等を記載した書面を添付している場合において、納税者に税務調査の日時、場所をあらかじめ通知するときには、その通知前に、添付された書面の記載事項について意見陳述の機会を与えることとされた（以下「新書面添付制度」という。）。

そこで、新書面添付制度を適正に運用し、税務執行の一層の円滑化・簡素化を図っていくため、本指針を定めるものである。

記

第1章　新書面添付制度の運用に当たっての基本的な考え方

1　制度の適正・円滑な運用及び着実な推進

　新書面添付制度は、税務代理する税理士等に限らず、広く税理士等が作成した申告書について、それが税務の専門家の立場からどのように調製されたかを明らかにすることにより正確な申告書の作成及び提出に資するとともに、税務当局が税務の専門家である税理士の立場をより尊重し、税務執行の一層の円滑化・簡素化に資するとの趣旨によるものであるから、本制度の執行に当たっては、その趣旨を踏まえた適正・円滑な運用を行い、制度の着実な推進を図る。

2　新書面添付制度適用法人の的確な管理

　申告書に法第33条の2の書面の添付がある法人（間接諸税にあっては、法人又は

個人。以下同じ。）については、過去の申告事績及び調査事績並びに資料情報に加え、書面の記載内容及び税理士等の関与の程度に基づき、売上階級区分、業種区分、実況区分等の組み合わせにより的確な管理を行う。

3 新書面添付制度を活用した調査事務の効率的運営

　法第33条の２の書面は、申告書審理や準備調査に積極的に活用するほか、書面の記載内容のうち確認を要する部分については、法第35条第１項に規定する意見聴取の際に十分聴取するよう努める。

　また、新書面添付制度は、税務当局が税務の専門家である税理士の立場をより尊重し、税務執行の一層の円滑化・簡素化に資するとの趣旨によるものであることから、法第33条の２の書面の記載内容がその趣旨にかなったものと認められる場合には、じ後の調査の要否の判断において積極的に活用し、調査事務の効率的な運営を図る。

第２章　新書面添付制度に係る事務手続及び留意事項

第１節　申告書収受後の事務及び実況区分の判定

1 書面添付がある申告書の収受後の事務

　内部担当者は、総務課から回付された申告書等の記載事項、添付書類等を確認する際に、法人税確定申告書、消費税及び地方消費税の確定申告書及び間接諸税の納税申告書の「税理士法第30条の書面提出有」欄及び「税理士法第33条の２の書面提出有」欄の記載の有無並びに法第30条の書面及び法第33条の２の書面の添付の有無について確認するとともに、必要に応じて書面の「事務処理欄」に担当部門、業種番号等を記入する。

　この場合、書面に「税理士又は税理士法人」の「氏名又は名称」欄の記載がない場合や「押印」がないなど記載内容に不備がある場合には、税理士等に連絡し、その補正を求める。

　また、法第30条の書面が複数の税目（消費税、源泉所得税は除く。）の税務代理権限を証している場合には、その書面の写しを担当する部門に回付する。

　なお、内部担当者から申告書等の回付を受けた調査担当の統括官等は、法人税確定申告書、消費税及び地方消費税の確定申告書及び間接諸税の納税申告書に法第33条の２の書面の添付のある法人について法人管理簿を出力するなど、その後の的確な管理に努める。

　（注）　「統括官等」とは、法人課税部門の特別国税調査官、統括国税調査官、特別

調査情報官、国際税務専門官、情報技術専門官又は審理専門官をいう。
2 実況区分の判定
　申告書に法第33条の2の書面の添付のある法人の実況区分の判定に当たっては、その書面の記載内容等を積極的に活用する。
第2節　意見聴取の実施
1　事前通知前の意見聴取の実施
　統括官等は、申告書に法第33条の2の書面の添付のある法人に対し実地調査を指令する場合には、事前通知を行わないこととした場合を除き、事前通知を行う前に法第30条の書面に記載された税理士等に対し法第33条の2の書面の記載事項について意見聴取を行うよう調査担当者に指示する。
（注）
　1　法第35条の規定は、平成14年4月1日以降に同条第1項に規定する調査をする場合について適用する。
　2　平成14年4月1日以降、改正前の旧様式で作成（税理士法施行規則附則第2項に規定されている「書面を取り繕い使用」に該当する場合）された「法第33条の2の書面」が添付された申告書が提出された場合についても、事前通知前の意見聴取を行わなければならないことに留意する。
2　意見聴取の時期、方法
　調査担当者は、事前通知予定日の1週間から2週間前までに法第30条の書面に記載された税理士等に対し意見聴取を行う旨を口頭（電話）で連絡し、意見聴取の日時、方法を取り決める。
　この場合、意見聴取は事前通知予定日の前日までに了することとし、原則として税理士等に来署依頼する方法により行う。また、法第33条の2の書面の「事務処理欄」に意見聴取を行う旨を通知した日及び事前通知予定日を記入する。
（注）
　1　税理士等が遠隔地に所在している場合など来署が困難な場合には、電話による聴き取り又は文書による提出によっても差し支えない。
　2　意見聴取は、基本的には実地調査の指令を受けた調査担当者が行うが、必要に応じて統括官等が行うこととしても差し支えない。
3　意見聴取の内容
　意見聴取は、税務の専門家としての立場を尊重して付与された税理士等の権利の一つとして位置付けられ、書面を添付した税理士が申告に当たって計算等を行った

事項に関することや、実際の意見聴取に当たって生じた疑問点を解明することを目的として行われるものである。

したがって、こうした制度の趣旨・目的を踏まえつつ、例えば顕著な増減事項・増減理由や会計処理方法に変更があった事項・変更の理由などについて個別・具体的に質疑を行うなど、意見聴取の機会の積極的な活用に努める。

ただし、個別・具体的な非違事項の指摘に至った場合には、加算税の問題が生じうることに留意する。（後記5による。）

4　意見聴取後の事務

意見聴取を行った場合には、意見聴取の内容や税理士等に連絡した事項等を別紙の書面（以下「応接簿」という。）に記入して、法人税歴表（間接諸税にあっては、間接諸税調査簿）に編てつする。

なお、意見聴取によって、調査の必要性がないと認められた場合には、その際に税理士等に対し現時点では調査に移行しない旨を口頭（電話）で連絡し、その履歴について応接簿に簡記する。

（注）
1　応接簿には、応接日時、内容等を確実に記載することに留意する。
2　税理士等に対し現時点では調査に移行しない旨を連絡した場合にあっても、その後申告書の内容等に対する新たな疑義が生じた場合には、調査することを妨げるものではない。

その際、事前通知を行う場合には改めて意見聴取を行う。

5　意見聴取後に提出された修正申告書に係る加算税の取扱い

意見聴取を行い、その後に修正申告書が提出されたとしても、原則として、加算税は賦課しない。

ただし、意見聴取を行った後に修正申告書が提出された場合の加算税の適用に当たっては、国税通則法第65条第5項並びに平成12年7月3日付課法2-9ほか3課共同「法人税の過少申告加算税及び無申告加算税の取扱いについて」（事務運営指針）及び平成12年7月3日付課消2-17ほか5課共同「消費税及び地方消費税の更正等及び加算税の取扱いについて」（事務運営指針）及び平成13年3月29日付課消4-11ほか1課共同「たばこ税等及び酒税の加算税の取扱いについて」（事務運営指針）に基づき非違事項の指摘を行ったかどうかの具体的な事実認定により「更正の予知」の有無を判断することになるから、修正申告書が意見聴取の際の個別・具体的な非違事項の指摘に基づくものであり、「更正の予知」があったと認められる場合には、

加算税を賦課することに留意する。
6　更正前の意見聴取
　　法第33条の2の書面が添付された申告書を更正すべき場合においては、従前どおり、法第35条第2項に基づき、税理士等に対し、意見を述べる機会を与えなければならないことに留意する。

(参考6)

相続税の新書面添付通達

平成14年3月14日

国税局長　殿

沖縄国税事務所長　殿

国税庁長官

税理士法の一部改正に伴う資産税事務における新書面添付制度の運用に当たっての基本的な考え方及び事務手続等について（事務運営指針）

標題のことについては、下記のとおり定めたから、貴管下職員に周知徹底の上、適切な運営を図られたい。

（趣旨）

平成13年度の税制改正において、税理士法（以下単に「法」という。）の一部が改正され、法第33条の2及び法第35条の規定に基づく書面添付制度が拡充された。本改正では、従来の更正前の意見陳述に加えて、税務代理を行う税理士又は税理士法人（以下「税理士等」という。）が計算事項等を記載した書面を添付している場合において、納税者に税務調査の日時、場所をあらかじめ通知するときには、その通知前に、添付された書面の記載事項について意見陳述の機会を与える（以下「新書面添付制度」という。）こととされた。

そこで、新書面添付制度を適正に運用し、税務執行の一層の円滑化・簡素化を図っていくため、本指針を定めるものである。

記

第1章　新書面添付制度の運用に当たっての基本的な考え方

1　制度の適正・円滑な運用及び着実な推進

新書面添付制度は、税務代理する税理士等に限らず、広く税理士等が作成した申告書について、それが税務の専門家の立場からどのように調製されたかを明らかにすることにより正確な申告書の作成及び提出に資するとともに、税務当局が税務の専門家である税理士の立場をより尊重し、税務執行の一層の円滑化・簡素化に資するとの趣旨によるものであるから、本制度の執行に当たっては、その趣旨を踏まえた適正・円滑な運用を行い、制度の着実な推進を図る。

2　新書面添付制度を活用した調査事務の効率的運営

法第33条の2の書面は、申告審理や準備調査に積極的に活用するほか、書面の記

載内容のうち確認を要する部分については、法第35条第1項に規定する意見聴取の際に十分聴取するよう努める。

また、新書面添付制度は、税務当局が税務の専門家である税理士の立場をより尊重し、税務執行の一層の円滑化・簡素化に資するとの趣旨によるものであることから、法第33条の2の書面の記載内容がその趣旨にかなったものと認められる場合には、じ後の調査の要否の判断において積極的に活用し、調査事務等の効率的な運営を図る。

第2章　新書面添付制度に係る事務手続及び留意事項
第1節　申告書収受後の事務
1　相続税及び贈与税の申告書

申告書等の記載事項、添付書類等を確認する際には、相続税の申告書又は贈与税の申告書の「税理士法第30条の書面提出有」欄及び「税理士法第33条の2の書面提出有」欄の記載の有無並びに法第30条の書面及び法第33条の2の書面の添付の有無について確認する。

(1) 申告書の補完記入

法第30条の書面又は法第33条の2の書面の添付があり、相続税の申告書又は贈与税の申告書の該当欄に記載がない場合には、鉛筆により補完記入する。

(2) 書面の補正依頼

「税理士又は税理士法人」の「氏名又は名称」欄の記載がない場合や「押印」がないなど記載内容に不備がある場合には、税理士等に連絡し、その補正を求める。

(3) 書面の保管

提出を受けた法第30条の書面及び法第33条の2の書面については、原本を相続税又は贈与税の申告書に添付して保管する。

この場合、「相続税申告相談・申告審理事績書兼非課税／省略決議書」又は「贈与税申告相談及び申告審理事績書兼資料カード」の「関与税理士」欄に添付された書面の表示を行うなどにより、新書面添付制度適用者の的確な管理を行う。

(4) 書面の回付

提出された法第30条の書面の「1　税務代理の対象に関する事項」欄に他税目の記載がある場合には、該当する税目の担当部門にその写しを回付する。

2　所得税の申告書（譲渡・山林所得に係る申告書）

個人課税部門から回付された譲渡・山林所得に係る申告書に法第33条の2の書面の添付がある場合には、譲渡・山林所得に関する記載の有無にかかわらず、その写しを作成し、原本は申告書とともに個人課税部門へ返付する。
　この場合、作成した写しについては、「譲渡所得納税相談兼申告審理事績書」又は「山林所得納税相談兼申告審理事績書」に添付して保管する。
　なお、書面の添付の確認等については、原則として個人課税部門で行いその後に回付されることとなっているが、譲渡・山林所得に係る申告書に添付された法第33条の2の書面の記載内容等に不備があるものについて個人課税部門と協議の上その補正を資産課税（担当）部門で行った場合には、補正後の書面の写しを作成し保管するとともに原本を個人課税部門へ回付する。

第2節　意見聴取の実施
1　事前通知前の意見聴取の実施
　統括官等（「統括官等」とは、資産税担当の特別国税調査官、統括国税調査官、国際税務専門官、審理専門官又は評価専門官をいう。以下同じ）は、申告書に法第33条の2の書面の添付のある納税者に対し実地調査等を指令する場合には、事前通知を行わないこととした場合を除き、事前通知を行う前に法第30条の書面に記載された税理士等に対し法第33条の2の書面の記載事項について意見聴取を行うよう調査担当者に指示する。
（注）
　1　法第35条の規定は、平成14年4月1日以降に同条第1項に規定する調査をする場合について適用する。
　2　平成14年4月1日以降、改正前の旧様式で作成（税理士法施行規則附則第2項に規定されている「書面を取り繕い使用」に該当する場合）された法第33条の2の書面が添付された申告書が提出された場合についても、事前通知前の意見聴取を行わなければならないことに留意する。
　3　所得税の申告書に法第33条の2の書面の添付がある納税者に対し譲渡・山林所得に係る実地調査等を実施する場合には、その書面に譲渡・山林所得に関する記載がない場合であっても事前通知前の意見聴取を行うことに留意する。
　　この場合、必要に応じて個人課税部門職員の同席を求めるなど、効率的な意見聴取に配意する。
2　意見聴取の時期、方法
　調査担当者は、事前通知予定日の1週間から2週間前までに法第30条の書面に記

載された税理士等に対し意見聴取を行う旨を口頭（電話）により行い、意見聴取の日時、方法を取り決める。

　この場合、意見聴取は事前通知予定日の前日までに了することとし、原則として税理士等に来署依頼する方法により行う。また、法第33条の２の書面の「事務処理欄」に意見聴取を行う旨を通知した日及び事前通知予定日を記入する。
（注）
　1　税理士等が遠隔地に所在している場合など来署が困難な場合には、電話による聴き取り又は文書による提出によっても差し支えない。
　2　意見聴取は、基本的には実地調査等の指令を受けた調査担当者が行うが、必要に応じて統括官等が行うこととしても差し支えない。

3　意見聴取の内容

　意見聴取は、税務の専門家としての立場を尊重して付与された税理士等の権利の一つとして位置付けられ、書面を添付した税理士が申告に当たって計算等を行った事項に関することや、実際の意見聴取に当たって生じた疑問点を解明することを目的として行われるものである。

　したがって、こうした制度の趣旨・目的を踏まえつつ、例えば相続財産の把握状況や土地・株式等の評価方法、譲渡価額等の確認方法等について個別・具体的に質疑を行うなど、意見聴取の機会の積極的な活用に努める。

　ただし、個別・具体的な非違事項の指摘に至った場合には、加算税の問題が生じうることに留意する。（後記５による。）

4　意見聴取後の事務

　意見聴取を行った場合には、意見聴取の内容や税理士等に連絡した事項等を別紙の書面（以下「応接簿」という。）に記入して、「相続税申告相談・申告審理事績書兼非課税／省略決議書」、「贈与税申告相談及び申告審理事績書兼資料カード」、「譲渡所得納税相談兼申告審理事績書」又は「山林所得納税相談兼申告審理事績書」に編てつする。

　なお、意見聴取によって、調査の必要性がないと認められた場合には、その履歴を記載した応接簿により統括官等の決裁を了した後、税理士等に対し現時点では調査を行わない旨を口頭（電話）で連絡する。
（注）
　1　応接簿には、応接日時、内容等を確実に記載することに留意する。
　2　税理士等に対し現時点では調査を行わない旨を連絡した場合にあっても、そ

の後申告書の内容等に対する新たな疑義が生じた場合には、調査することを妨げるものではない。

その際、事前通知を行う場合には改めて意見聴取を行う。

5 意見聴取後に提出された修正申告書に係る加算税の取扱い

意見聴取を行い、その後に修正申告書が提出されたとしても、原則として、加算税は賦課しない。

ただし、意見聴取を行った後に修正申告書が提出された場合の加算税の適用に当たっては、国税通則法第65条第5項並びに平成12年7月3日付課資2-264ほか2課共同「相続税、贈与税の過少申告加算税及び無申告加算税の取扱いについて」（事務運営指針）及び平成12年7月3日付課個4-16ほか3課共同「申告所得税の過少申告加算税及び無申告加算税の取扱いについて」（事務運営指針）に基づき非違事項の指摘を行ったかどうかの具体的な事実認定により「更正の予知」の有無を判断することになるから、修正申告書が意見聴取の際の個別・具体的な非違事項の指摘に基づくものであり、「更正の予知」があったと認められる場合には、加算税を賦課することに留意する。

6 更正前の意見聴取

法第33条の2の書面が添付された申告書を更正すべき場合においては、従前どおり、法第35条第2項に基づき、税理士等に対し、意見を述べる機会を与えなければならないことに留意する。

(参考7)

所得税の新書面添付通達

平成14年3月14日

国税局長　殿
沖縄国税事務所長　殿

国税庁長官

税理士法の一部改正に伴う個人課税部門における新書面添付制度の運用に当たっての基本的な考え方及び事務手続等について（事務運営指針）

標題のことについては、下記のとおり定めたから、貴管下職員に周知徹底の上、適切な運営を図られたい。

(趣旨)

平成13年度の税制改正において、税理士法（以下単に「法」という。）の一部が改正され、法第33条の2及び法第35条の規定に基づく書面添付制度が拡充された。本改正では、従来の更正前の意見陳述に加えて、税務代理を行う税理士又は税理士法人（以下「税理士等」という。）が計算事項等を記載した書面を添付している場合において、納税者に税務調査の日時、場所をあらかじめ通知するときには、その通知前に、添付された書面の記載事項について意見陳述の機会を与える（以下「新書面添付制度」という。）こととされた。

そこで、新書面添付制度を適正に運用し、税務執行の一層の円滑化・簡素化を図っていくため、本指針を定めるものである。

記

第1章　新書面添付制度の運用に当たっての基本的な考え方

1　制度の適正・円滑な運用及び着実な推進

新書面添付制度は、税務代理する税理士等に限らず、広く税理士等が作成した申告書について、それが税務の専門家の立場からどのように調製されたかを明らかにすることにより正確な申告書の作成及び提出に資するとともに、税務当局が税務の専門家である税理士の立場をより尊重し、税務執行の一層の円滑化・簡素化に資するとの趣旨によるものであるから、本制度の執行に当たっては、その趣旨を踏まえた適正・円滑な運用を行い、制度の着実な推進を図る。

2　新書面添付制度適用者の的確な管理

申告書に法第33条の2の書面の添付がある納税者については、過去の申告事績及

び調査事績並びに資料情報に加え、書面の記載内容も踏まえて的確な管理を行う。
3　新書面添付制度を活用した調査事務の効率的運営

　法第33条の2の書面は、申告審理や準備調査に積極的に活用するほか、書面の記載内容のうち確認を要する部分については、法第35条第1項に規定する意見聴取の際に可能な限り十分聴取するよう努める。

　また、新書面添付制度は、税務当局が税務の専門家である税理士の立場をより尊重し、税務執行の一層の円滑化・簡素化に資するとの趣旨によるものであることから、法第33条の2の書面の記載内容がその趣旨にかなったものと認められる場合には、じ後の調査の要否の判断において積極的に活用し、調査事務の効率的な運営を図る。

第2章　新書面添付制度に係る事務手続及び留意事項

第1節　申告書収受後の事務

1　書面の回付

　資産課税（担当）部門へ所得税の確定申告書等を回付する場合には、法第30条の書面及び法第33条の2の書面も併せて回付する。

　また、法第30条の書面が複数の税目（消費税は除く。）の税務代理権限を証している場合には、その書面の写しを担当する部門に回付する。

　なお、資産課税（担当）部門へ確定申告書等を回付した後に補正を受けた書面については、その写しを資産課税（担当）部門に回付することに留意する。

2　書面の確認等

　申告書の記載事項、添付書類等を確認する際には、所得税申告書第二表又は消費税及び地方消費税（以下「消費税等」という。）の申告書の「税理士法第30条の書面提出有」欄及び「税理士法第33条の2の書面提出有」欄の記載の有無及び法第30条の書面及び法第33条の2の書面の添付の有無を確認する。

(1)　申告書の補完記入

　法第30条の書面又は法第33条の2の書面の添付があり、所得税申告書第二表又は消費税等申告書の該当欄に記載がない場合には、鉛筆により補完記入する。

(2)　書面の補正依頼

　「税理士又は税理士法人」の「氏名又は名称」欄の記載がない場合や「押印」がないなど記載内容に不備がある場合には、税理士等に連絡し、その補正を求める。

なお、記載内容に不備がある場合の補正依頼については、当該申告書や当該書面に記載された内容により、資産課税（担当）部門と協議して行う。
3　書面の保管
　提出を受けた法第30条の書面及び法第33条の2の書面については、原本を確定申告書に添付して課税台帳に編てつするとともに、収支内訳書又は青色申告決算書に提出された書面の写しを添付するか、書面の提出があることを示すゴム印を押印することなどにより、新書面添付制度に係る事務処理が的確に実施できるよう配意する。

第2節　意見聴取の実施
1　事前通知前の意見聴取の実施
　統括官等（個人課税部門の特別国税調査官、統括国税調査官、情報技術専門官、国際税務専門官、審理専門官又は特別記帳指導官をいう。以下同じ。）は、申告書に法第33条の2の書面の添付のある納税者に対し実地調査等を指令する場合には、事前通知を行わないこととした場合を除き、事前通知を行う前に法第30条の書面に記載された税理士等に対し法第33条の2の書面の記載事項について意見聴取を行うよう調査担当者に指示する。
（注）
　1　法第35条の規定は、平成14年4月1日以降に同条第1項に規定する調査をする場合について適用する。
　2　平成14年4月1日以降、改正前の旧様式で作成（税理士法施行規則附則第2項に規定されている「書面を取り繕い使用」に該当する場合）された法第33条の2の書面が添付された申告書が提出された場合についても、事前通知前の意見聴取を行わなければならないことに留意する。
　3　譲渡所得又は山林所得を有する納税者に係る事前通知前の意見聴取を行う場合には、必要に応じて資産課税担当職員の同席を求めるなど、効率的な実施に配意する。
2　意見聴取の時期、方法
　調査担当者は、事前通知予定日の1週間から2週間前までに法第30条の書面に記載された税理士等に対し意見聴取を行う旨を口頭（電話）で連絡し、意見聴取の日時、方法を取り決める。
　この場合、意見聴取は事前通知予定日の前日までに了することとし、原則として税理士等に来署依頼する方法により行う。また、法第33条の2の書面の「事務処理

欄」に意見聴取を行う旨を通知した日及び事前通知予定日を記入する。
(注)
1 税理士等が遠隔地に所在している場合など来署が困難な場合には、電話による聴き取り又は文書による提出によっても差し支えない。
2 意見聴取は、原則として実地調査の指令を受けた調査担当者が行うが、必要に応じて統括官等が行うこととしても差し支えない。

3 意見聴取の内容

意見聴取は、税務の専門家としての立場を尊重して付与された税理士等の権利の一つとして位置付けられ、書面を添付した税理士が申告に当たって計算等を行った事項に関することや、実際の意見聴取に当たって生じた疑問点を解明することを目的として行われるものである。

したがって、こうした制度の趣旨・目的を踏まえつつ、例えば顕著な増減事項・増減理由や会計処理方法に変更があった事項・変更の理由などについて個別・具体的に質疑を行うなど、意見聴取の機会の積極的な活用に努める。

ただし、個別・具体的な非違事項の指摘に至った場合には、加算税の問題が生じうることに留意する。(後記5による。)

4 意見聴取後の事務

意見聴取を行った場合には、意見聴取の内容や税理士等に連絡した事項等を別紙の書面 (以下「応接簿」という。) に記入して、着眼事項等兼チェックシート又は事後処理等事績票とともに保管する。

なお、意見聴取によって、調査の必要性がないと認められた場合には、その履歴を記載した応接簿により統括官等の決裁を了した上、税理士等に対し現時点では調査に移行しない旨を口頭(電話)で連絡する。

(注)
1 応接簿には、応接日時、内容等を確実に記載することに留意する。
2 税理士等に対し現時点では調査に移行しない旨を連絡した場合にあっても、その後申告書の内容等に対する新たな疑義が生じた場合には、調査することを妨げるものではない。その際、事前通知を行う場合には改めて意見聴取を行う。
3 税理士等に対し調査に移行しない旨を連絡した納税者に係る着眼事項等兼チェックシート及び応接簿は個人調査関係書類つづりに編てつする。

5 意見聴取後に提出された修正申告書に係る加算税の取扱い

意見聴取を行い、その後に修正申告書が提出されたとしても、原則として、加算

税は賦課しない。

　ただし、意見聴取を行った後に修正申告書が提出された場合の加算税の適用に当たっては、国税通則法第65条第5項並びに平成12年7月3日付課所4―16ほか3課共同「申告所得税の過少申告加算税及び無申告加算税の取扱いについて」（事務運営指針）及び平成12年7月3日付課消2―17ほか5課共同「消費税及び地方消費税の更正等及び加算税の取扱いについて」（事務運営指針）に基づき非違事項の指摘を行ったかどうかの具体的な事実認定により「更正の予知」の有無を判断することになるから、修正申告書が意見聴取の際の個別・具体的な非違事項の指摘に基づくものであり、「更正の予知」があったと認められる場合には、加算税を賦課することに留意する。

6　更正前の意見聴取

　法第33条の2の書面が添付された申告書について更正すべき場合においては、従前どおり、法第35条第2項に基づき、税理士等に対し、意見を述べる機会を与えなければならないことに留意する。

(参考8)

会計参与の行動指針

平成18年4月25日
改正平成19年5月25日
日本公認会計士協会
日本税理士会連合会

－目　　次－

Ⅰ　はじめに
Ⅱ　会計参与制度の概要
　1．会計参与の資格、職務及び権限
　2．会計参与の責任
Ⅲ　会計参与の行動指針
　　就任に当たっての行動指針
　1．計算関係書類作成に当たっての行動指針（一般事項）
　2．計算関係書類作成に当たっての行動指針（個別事項）
　3．会計参与報告作成に当たっての行動指針
　4．備置き、開示に当たっての行動指針

Ⅰ　はじめに

　会計参与制度は、「会社法」において創設された制度である。
　会計参与は、主として中小企業の計算関係書類（会社法施行規則第2条第3項第11号に規定するものをいう。）の記載の正確さに対する信頼を高めるため、会計に関する専門的識見を有する公認会計士（監査法人を含む。）又は税理士（税理士法人を含む。）が、取締役（以下、委員会設置会社にあっては執行役とする。）と共同して計算関係書類を作成し、当該計算関係書類を会社とは別に備置き・開示する職務等を担うものである。
　ここに会計参与の資格者が所属する日本公認会計士協会及び日本税理士会連合会が共同して、会計参与の実務の参考に資するため行動指針を取りまとめた。

Ⅱ　会計参与制度の概要

　会計参与制度の概要は次のとおりである。

参　考

1．会計参与の資格、職務及び権限

会社法に規定される会計参与の資格、職務及び権限は次のとおりである。

(1) 資格

会計参与は、公認会計士（監査法人を含む）又は税理士（税理士法人を含む）でなければならない（会社法第333条第1項）が、以下に該当する者は会計参与となることできない。

① 当該株式会社又はその子会社の取締役、監査役若しくは執行役員又は支配人その他の使用人（会社法第333条第3項第1号）

② 業務の停止の処分を受け、その停止の期間を経過しない者（会社法第333条第3項第2号）

③ 税理士法第43条の規定により同法第2条第2項に規定する税理士業務を行うことができない者（会社法第333条第3項第3号）

なお、②又は③に該当する者は、会計参与の補助者となることも認められない（会社法第374条第5項）

また、会計監査人である者が会計参与を兼ねることは、会計監査人の欠格事由（会社法第337条第3項第1号、第2号）に該当することとなるため、認められない。

(2) 職務

① 次に掲げる計算関係書類の取締役との共同作成（会社法第374条第1項、第6項）

ア　各事業年度に係る計算書類（会社法第435条第2項）及びその付属明細書

イ　臨時計算書類（会社法第441条第1項）

ウ　連結計算書類（会社法第444条第1項）

エ　成立の日における貸借対照表

② 会計参与報告の作成（会社法第374条第1項）

③ 以下に掲げる計算関係書類を承認する取締役会への出席と意見の陳述（会社法第376条第1項）

ア　各事業年度に係る計算書類及び事業報告並びにこれらの付属明細書

イ　臨時計算書類

ウ　連結計算書類

④ 職務を行うに際して取締役の職務の執行に関し不正の行為又は法令・定款違反の重大な事実があることを発見したときの、以下に対する報告義務（会社法

第375条)
  　ア　イ以下に該当しない会社にあっては、株主
  　イ　監査役設置会社にあっては、監査役
  　ウ　監査役設置会社にあっては、監査役会
  　エ　委員会設置会社にあっては、監査委員会
  ⑤　株主総会における株主に対する特定事項の説明（会社法第314条）
  ⑥　次に掲げる計算関係書類及び会計参与報告の備置き（会社法第378条第1項）
  　ア　各事業年度に係る計算書類及びその付属明細書並びに会計参与報告
  　イ　臨時計算書類及び会計参与報告
  ⑦　⑥の計算関係書類及び会計参与報告の株主及び債権者への開示（会社法第378条第2項）
 (3)　権限
  ①　取締役によって作成された会計帳簿・資料の閲覧、謄写並びに取締役及び支配人その他の使用人（以下「取締役等」という。）に対する会計に関する報告の請求（会社法第374条第2項、第432条第1項）
  ②　職務を行うため必要があるとき子会社に対する会計に関する報告の請求（会社法第374条第3項）
  ③　職務を行うため必要があるとき会社・子会社の業務及び財産の状況の調査（会社法第374条第3項）
  ④　上記の(2)職務①に掲げる計算関係書類の作成に関する事項につき取締役と意見を異にする場合の株主総会における意見の陳述（会社法第377条第1項）
  ⑤　株主総会における会計参与の選任、解任又は辞任についての意見の陳述（会社法第345条第1項）
  ⑥　辞任した会計参与による辞任後最初に招集される株主総会における株主総会における辞任した旨及びその理由の陳述（会社法第345条第2項）
  ⑦　株主総会での報酬等についての意見陳述（会社法第379条第3項）
  ⑧　職務の執行について必要な費用の前払等の請求（会社法第380条）
2．会計参与の責任
　　会計参与の責任は、民事上の責任として、会社に対する責任と第三者に対する特別な責任が、会社法に定められており、このほか、刑事上の責任と過料に処すべき行為についても同法に規定されている。また、行政上の責任として、公認会計士法並びに税理士法に定められているものがある。概略は以下のとおりである。

(1) 会社に対する責任

　会計参与は計算書類の作成等の任務を怠り、これによって会社に損害を与えた場合には、その損害を賠償する責任を負わなければならず（会社法第423条第1項）、その責任は株主代表訴訟の対照となる（会社法第847条）。この責任は、過失責任であるため、会計参与に過失がなければ、会社に生じた損害についての責任を負わない。

(2) 会社に対する責任の免除並びに一部免除

　① 会計参与の会社に対する責任は、原則として総株主の同意がなければ免除されない（会社法第424条）

　② 会計参与は、以下に該当する場合で、職務を行うにつき善意でかつ重大な過失がないときは、会計参与が会社から受ける報酬等の2年分（最低責任限度額）を超える部分を最大としてその責任が免除される。

　　なお、以下のイ・ウは会計参与の会社に対する責任を一部免除できる旨又は責任限定契約を締結できる旨を定款に定めてあることが前提となる。

　　ア　株主総会の特別決議により会計参与の責任の一部を免除した場合（会社法第425条第1項）

　　イ　取締役が2人以上の会社において定款の定めに基づいて、監査役設置会社又は委員会設置会社が、取締役の過半数の同意又は取締役の決議により、会計参与の責任の一部を免除した場合（会社法第426条第1項）

　　ウ　定款の定めに基づいて、会社と会計参与が定款で定めた額の範囲内であらかじめ会社が定めた額と最低責任限度額とのいずれか高い額を責任の限度とする旨の契約を締結した場合（会社法第427条第1項）

(3) 第三者に対する特別な責任

　① 会計参与はその職務を行うについて悪意又は重大な過失があったときは、これによって株主、投資家、債権者、取引先といった第三者に生じた損害を賠償する責任を負わなければならない（会社法第429条第1項）

　② 会計参与は計算書類及びその付属明細書、臨時計算書類並びに会計参与報告に記載し又は記録すべき重要な事項について虚偽の記載又は記録をしたときは、注意を怠らなかったことを証明しない限り、第三者に生じた損害を賠償する責任を負わなければならない（会社法第429条第2項）

(4) 連帯責任

　会計参与が会社又は第三者に生じた損害を賠償する責任を負う場合において、

他の役員等も当該損害を賠償する責任を負うときは、これらの者は、連帯債務者となる（会社法第430条）。
(5) 刑事上の責任

会計参与に限定された罰則ではないが、懲役又は罰金についての規定が次のとおり定められている。

① 特別背任罪（会社法第960条）

② 会社財産を危うくする罪（会社法第963条）

③ 虚偽文書行使等の罪（会社法第964条）

④ 預合いの罪（会社法第965条）

⑤ 取締役等の贈収賄罪（会社法第967条）

⑥ 株主の権利の行使に関する利益供与の罪（会社法第970条）

(6) 過料に処すべき行為

法令上の義務の不履行、法令上の禁止又は制限の違反に対しては、その行為について刑を処すべきときを除き、100万以下の過料に処せられる。このうち、会計参与の職務に係わる主なものは以下のとおりである。

① 貸借対照表、損益計算書、付属明細書、会計参与報告に記載し、若しくは記録すべき事項を記載せず、若しくは記録せず、又は虚偽の記載若しくは記録をしたとき（会社法第976条第7号）

② 各事業年度に係る計算書類及びその付属明細書並びに臨時計算書類、会計参与報告を会社法に定められた期間、法務省令で定めるところにより、当該会計参与が定めた場所に備え置かなかったとき（会社法第976条第8号）

(7) 行政上の責任

① 会計参与が不正経理に協力した場合はもちろん、不注意で不正を見逃して善管注意義務に違反したものと判定された場合にも、公認会計士法並びに税理士法上の信用失墜行為として行政処分の対象となり得ることに留意する（公認会計士法第26条、税理士法第37条）。

② 会計参与である公認会計士は、正当な理由がなく、その業務上取り扱ったことについて知り得た秘密を他に漏らし、又は盗用してはならない。会計参与でなくなった後も同様である（公認会計士法第27条）。

③ 会計参与である税理士が、正当な理由がなく、その職務遂行において取り扱ったことについて知り得た秘密を他に洩らし、又は窃用した場合は、税理士法上の信用失墜行為の対象となり得ることに留意する。会計参与でなくなった後

も同様である（税理士法第37条）

Ⅲ 会計参与の行動指針
1．就任に当たっての行動指針
(1) 会社から会計参与に就任の要請があったときには、会計参与に就任しようとする者は就任を承諾するに際して以下の事項に留意する。
   ① 税務顧問や会計指導等の業務上の関係を有する会社からの要請により会計参与に就任しようとする者であっても、就任を承諾するに先立って、会計参与の職務・権限・責任及び取締役の役割について会社が十分に理解しているかを確かめ、さらに必要であれば追加的に会社の状況等を把握し、就任可能であるか否かについて判断する。
   ② 税務顧問や会計指導等の業務上の関係を有しない会社からの要請により会計参与に就任しようとする者は、就任を承諾するに先立って、会社の概要、事業の状況、会社の組織体制等について十分な情報収集を実施する。その上で、必要な会社の状況等を追加的に把握し、会計参与の職務・権限・責任及び取締役の役割に関して会社が十分に理解しているかを確かめ、就任可能であるか否かについて判断する。
   ③ 定款に責任限定の定めがあるか否か及びその内容を確かめる。
   ④ 会計参与設置会社であることの登記がなされている又はなされることを確かめる。
   なお、会計参与の就任による変更の登記には、その選任に関する株主総会の議事録（会社法第329条第1項）、その就任承諾書のほかに、有資格者であること等を確かめるために、監査法人又は税理士法人にあっては登記事項証明書、公認会計士又は税理士個人である場合にはその所属団体が発行する資格証明書が添付書面として必要である。
   ⑤ 補欠会計参与を選任する予定があるかを確かめる。
(2) 会計参与に就任するに当たっては、以下の事項に留意する。
   ① 円滑に職務を遂行するため、書面により会計参与契約を締結する。
   ② 計算関係書類及び会計参与報告を備え置く場所を会社に通知する。
(3) 会計参与を選任する株主総会において、必要があれば報酬等について意見を述べる。
2．計算関係書類作成に当たっての行動指針（一般事項）

会計参与は、取締役と共同して計算関係書類を作成する。以下においては、会計参与が計算関係書類作成に当たって留意する一般的事項を示すこととする。
⑴　会計参与は、会社の事業及び営業取引の内容、業界の状況等の一般的知識を得るため取締役等に質問し回答を得た上で職務を遂行する。
⑵　会計参与は、専門知識の維持向上に努め、善良な管理者としての注意を払い職務を遂行する。
⑶　会計参与は、仕訳帳、総勘定元帳、補助簿及びその他の基礎資料（以下「会計帳簿等」という。）を基に計算関係書類を作成する際、一般に公正妥当と認められる企業会計の慣行、例えば中小企業にあっては「中小企業の会計に関する指針」に準拠して作成されているか取締役等に質問し又は会計帳簿等を閲覧する。
　　なお、「中小企業の会計に関する指針」に準拠して計算関係書類が作成されている場合には確認一覧表を使用することが望ましい。
⑷　会計参与が会計帳簿等の書類を閲覧又は謄写し、会計に関する報告を求めた結果、取締役等の作成した回答書及び計算関係書類の作成に必要な資料が不十分である場合、会計参与は取締役等に追加の資料提供を要請する。
⑸　会計帳簿等に誤りがある場合、会計参与は取締役に当該会計帳簿等を訂正するよう要請し、是正されたことを確かめる。なお、是正された旨の回答書等を得ることが望ましい。
⑹　取締役が、計算関係書類の作成に必要な資料の追加提供を拒否する場合、又は会計参与の訂正の要望に対して取締役が適切な訂正を行わない場合、結果として共同して計算関係書類を作成することができず、会計参与報告も作成できない。そのため、会計参与の職務を遂行できないと考えられる場合、会計参与は辞任について検討すべきである。
　　なお、検討の結果、会計参与を辞任しない場合には、会計参与は株主総会に出席し、取締役と意見を異にした事項などの意見を述べ、又会計参与を辞任した場合は、辞任後最初に召集される株主総会に出席し辞任の理由を述べることが望ましい。
⑺　会計参与が、取締役と共同して計算関係書類を作成する過程において、会社の取締役の職務の執行に関し、不正の行為又は法令若しくは定款に違反する重大な事実があることを発見した場合は、会社の株主（監査役設置会社にあっては監査役、監査役会設置会社にあっては監査役会、委員会設置会社にあっては監査委員会）に報告しなければならない。

(8) 計算関係書類の作成後に取締役と共同作成した旨及び作成日を記載した合意書（計算関係書類共同作成合意書）を得る。
(9) 会計参与は、任務を怠らず、注意も怠らなかったことを証明する必要上、入手した資料並びに回答書等を適切に保存する。
(10) 会計参与の職務を遂行するため補助者を用いる場合、会計参与は、補助者に対し法令を遵守し守秘義務を負うことを求め、その職務遂行上必要な指示・監督をする。

3．計算関係書類作成に当たっての行動指針（個別事項）
　以下においては、会計参与が計算関係書類の作成に当たって、留意する個別的事項を示すこととする。
(1) 計算関係書類の勘定科目の残高が、総勘定元帳残高と一致することを取締役等に質問し又は総勘定元帳等を閲覧して確かめる。
(2) 資産については、重要な資産が実在しているか、回収可能性があるかなどを取締役等に質問し期末残高の評価手続の妥当性を確かめる。
　① 現金及び預金
　　ア　現金及び預金の管理方法を取締役等に質問し、その妥当性を確かめる。
　　イ　現金については、現金出納帳を閲覧し、その残高と総勘定元帳残高及び計算関係書類の勘定科目残高との整合性を確かめる。
　　ウ　預金については、取締役等が入手した銀行等の残高証明等と総勘定元帳残高及び計算関係書類の勘定科目残高との整合性を確かめる。
　② 金銭債権
　　売掛金等金銭債権については、補助簿残高と総勘定元帳残高が一致していることを確かめる。また各債権先への債権残高の確認の状況について質問し、取締役等が実施している手続の結果が総勘定元帳残高に反映されており、計算関係書類の勘定科目残高と整合性を有していることを確かめる。
　③ 貸倒引当金
　　ア　取立不能見込額の算定方法（引当金の計上基準を含む。）について取締役等に質問する。
　　イ　作成された資料を閲覧して記載内容に異常性がないことを確かめ、その計算結果と関連する総勘定元帳残高及び計算関係書類の勘定科目残高との整合性を確かめる。

④ 有価証券
　ア　保有目的別の管理方法について取締役等に質問し、作成された資料を閲覧し、記載内容に異常性がないことを確かめる。重要な場合には取締役等が入手した証券会社等からの資料を参考に残高を確かめる。
　イ　有価証券の減損や評価方法について取締役等に質問し、その認識方法・計算方法・処理方法などの妥当性を確かめ、計算の基礎資料があれば閲覧し、記載内容に異常性がないことを確かめ、その計算結果と関連する総勘定元帳残高及び計算関係書類の勘定科目残高との整合性を確かめる。

⑤ 棚卸資産
　ア　棚卸資産の内容・管理方法・棚卸手続について取締役等に質問し、取締役等の実施する棚卸手続の妥当性を確かめる。
　イ　実施された棚卸結果と入手可能な棚卸資産の時価情報が棚卸残高に反映されているか取締役等に質問して確かめる。
　ウ　取締役等に滞留品の有無、及びその売却可能性などを質問し、その結果が棚卸残高に反映されているかを確かめる。
　エ　上記棚卸残高と関連する総勘定元帳残高及び計算関係書類の勘定科目残高との整合性を確かめる。

⑥ 経過勘定
　継続的な役務提供契約の会計処理方針について取締役等に質問し、その妥当性について確かめる。重要な経過勘定の発生が想定される場合には、内訳表等基礎資料を閲覧し記載内容に異常性がないことを確かめ、会計方針との整合性、関連する総勘定元帳残高及び計算関係書類の勘定科目残高との整合性を確かめる。

⑦ 固定資産
　ア　会社の保有する固定資産の内容・管理方法について取締役等に質問し、その妥当性を確かめる。
　イ　会社の採用する減価償却方法について取締役等に質問し、その妥当性を確かめる。
　ウ　減価償却計算に関する基礎資料を閲覧し、償却が継続して規則的に実施されていることを確かめる。
　　なお、会計参与制度導入初年度において償却不足がある場合には、過年度償却が行われており固定資産の総勘定元帳残高に反映されていることを確か

める。
　　エ　固定資産の稼動状況の変化について取締役等に質問し、休止固定資産の有無、減損の兆候の有無及び減損の必要性について必要であれば協議する。
　　オ　適正な減価償却計算、必要な減損処理の実施後の金額と関連する総勘定元帳残高及び計算関係書類の勘定科目残高との整合性を確かめる。
　⑧　繰延資産
　　会社が計上している繰延資産の内容・管理方法について取締役等に質問し、関連資料を閲覧し、その残高と関連する総勘定元帳残高及び計算関係書類の勘定科目残高との整合性を確かめる。
　⑨　繰延税金資産・繰延税金負債
　　ア　一時差異について取締役等に質問し、税効果の認識と必要性を確かめる。繰延税金資産に該当する税効果が存在する場合には、その回収可能性の判断基準を質問し、その妥当性を確かめる。
　　イ　繰延税金資産・繰延税金負債に関する基礎資料を閲覧し、記載内容に異常性がないことを確かめ、その計算結果と関連する総勘定元帳残高及び計算関係書類の勘定科目残高との整合性について確かめる。
(3)　負債については、すべての負債が計上されているか期末残高の評価手続について取締役等に質問し、その妥当性を確かめる。
　①　金銭債務
　　ア　物品の購入、役務提供等に係る支払の状況、及び買掛金等金銭債務については補助簿が作成されその期に帰属するすべての債務が計上されているかを取締役等に質問し、その残高と関連する総勘定元帳残高及び計算関係書類の勘定科目残高との整合性を確かめる。
　　イ　金融機関等からの借入金については、返済状況を取締役等に質問し、取締役等が入手した借入金残高証明等と関連する総勘定元帳残高及び計算関係書類の勘定科目残高との整合性を確かめる。
　②　諸引当金
　　ア　賞与引当金をはじめとする諸引当金の設定要件に合致する事象の存否を取締役等に質問し、引当金が計上されているかを確かめる。
　　イ　引当金の計上基準について取締役等に質問し、存在する事象を反映したものとなっているかについて確かめ、関連する総勘定元帳残高と計算関係書類の勘定科目残高との整合性を確かめる。

③ 退職給債務・退職給付引当金
　　ア　取締役等に従業員の退職給付制度に関する退職金規程等の有無を質問する。
　　イ　退職給付制度の概要について取締役等に質問し、退職金規定等を閲覧し制度の概要を把握する。
　　ウ　退職金規程が存在しない場合でも、退職時に何らかの退職金を支給する慣行があるか取締役等に質問し、支給している場合にはその支給の根拠を確かめ、引当金の計上の必要性について取締役等と協議し、引当金計上の必要性を検討する。
　　エ　退職給付債務（退職給付引当金）の計算根拠を取締役等に質問し、計算方法が退職金規定等に準拠していることを確かめる。
　　オ　退職給付債務（退職給付引当金）の計算基礎資料と関連する総勘定元帳残高及び計算関係書類の勘定科目残高の整合性を確かめる。
④ 税金費用・税金債務
　　ア　税金債務が発生主義により計上されているか取締役等に質問し、税務申告書草案等を閲覧して記載内容に異常性がないことを確かめ、その計算結果と関連する総勘定元帳残高及び計算関係書類の勘定科目残高の整合性を確かめる。
　　イ　計算関係書類の税金費用の計上が税務申告書草案等の内容と整合性がとれていることを確かめる。
(4) 資本金は、登記されている金額と一致しているか取締役等に質問し確かめる。また、資本金と剰余金の区分及び自己株式等の取り扱いについて取締役等に質問し、関連する総勘定元帳残高と計算関係書類の勘定科目残高の整合性を確かめる。
(5) 重要な収益・費用項目について、収益が実現主義・費用が発生主義により計上されているか取締役等に質問し、期間帰属の妥当性について確かめる。
(6) 上記以外の勘定科目において重要な残高がある場合には、上記の指針を参考に職務を実施する。
(7) 上期行為によって得た結果に異常性の存在が認められた場合には、専門的識見を活用して調査し、異常性の存在の合理性について確かめることに留意する。
(8) 後発事象や偶発事案（債務保証など）の存在について取締役等に質問し適正な処理がなされているかを確かめる。
(9) 計算関係書類の表示や注記事項が法令に定められているところに従っていることを上記手続に準じて確かめる。

⑽　総合的な検討をする際、前年比較などの分析を行うことが有用である。
⑾　取締役等からの報告を受けた事項や取締役等が提供した計算関係書類作成の基礎となる資料などは真実のもので、事実と異ならない旨の書面（取締役申述書）を取締役から入手することは、取締役との関係を明確にする意味で有用である。

4　会計参与報告作成に当たっての行動指針

　会計参与は、取締役と共同して計算関係書類を作成するにつき、株主及び債権者に対する情報提供を目的とする会計参与報告を作成することが義務付けられている。

　ただし、共同して計算関係書類を作成できなかった場合には会計参与報告を作成できないこと、作成された会計参与報告は株主総会等への提出義務がなく、備置き場所にて閲覧・交付の請求のあった日現在の株主及び債権者に対して開示を認める資料であることに留意する。

(1)　記載項目は以下のように定められている。（会社法施行規則第102条第1号から第8号まで）
　①　職務を行うに当たって会社と合意した事項のうち主なもの、契約書等において合意されている事項のうち主なものを記載する。
　②　計算関係書類のうち取締役と会計参与が共同して作成したものの種類
　③　計算関係書類の作成に関する次の事項（重要性の乏しいものを除く）
　　ア　資産の評価基準及び評価方法
　　イ　固定資産の減価償却の方法
　　ウ　引当金の計算基準
　　エ　収益及び費用の計上基準
　　オ　その他の計算関係書類の作成のための基本となる重要な事項
　④　計算関係書類の作成に用いた資料の種類その他計算関係書類の作成の過程及び方法
　　ア　計算関係書類の作成に用いた資料の種類
　　　　総勘定元帳及び重要な勘定科目に関する補助簿等、基礎資料等を具体的に記載する。
　　イ　その他計算関係書類の作成の過程及び方法
　　　　取締役が帳簿等を作成し、会計参与は「会計参与の行動指針」に沿って共同作成したことを記載する。
　⑤　④記載の資料について
　　ア　著しく遅滞して作成されたときは、その旨及びその理由

イ　重要な事項について、虚偽（誤謬によるものを含む。）の記載がされていたときは、その旨及びその理由
　　⑥　計算関係書類の作成に必要な資料が作成されていなかったとき又は保存が適切にされていなかったときは、その旨及びその理由
　　⑦　計算関係書類の作成のために行った報告の徴収及び調査の結果
　　⑧　計算関係書類の作成に際して取締役と協議した主な事項
　(2)　作成日
　　　日付は計算関係書類を作成した日、すなわち、取締役と合意した日とする。
5．備置き、開示に当たっての行動指針
　　会計参与は会社とは別に、自らの事務所等である会計参与報告等備置場所（会社法施行規則第103条第1項）に、取締役と共同して作成した計算関係書類及び会計参与報告を備え置かなければならず、株主及び債権者の閲覧・交付の請求に応ずる義務がある。以下においては、計算関係書類及び会計参与報告の備置き、開示に当たって、会計参与が実施すべき行動指針を示すこととする。
　(1)　計算関係書類及び会計参与報告の備置き
　　　会計参与は、計算関係書類及び会計参与報告の備置きに当たって以下の事項に留意しなければならない。
　　①　各事業年度に係る計算書類、付属明細書、会計参与報告は定時株主総会の日の1週間（取締役会設置会社にあっては2週間）前の日（会社法第319条第1項の株主全員同意による決議があったとみなされた場合には、提案のあった日）から5年間備え置く。
　　②　臨時計算書類及び会計参与報告は臨時計算書類を作成した日から5年間備え置く。
　　　　なお、成立の日における貸借対照表及び連結計算書類を取締役と会計参与が作成した場合には、会計参与報告を作成するものの（会社法施行規則第102条第2号）、会計参与は成立の日における貸借対照表及び連結計算書類並びにこれらの会計参与報告の備置き及び開示義務は負わないことに留意する。
　　③　会計参与を解任された場合には、計算関係書類及び会計参与報告の備置期間である5年を経過する前であっても直ちに備置き、開示義務を負わなくなる。また会計参与が任期満了あるいは辞任した場合は、新たに他の会計参与又は一時会計参与が就任するまでは備置き、開示義務を負うことに留意する。ただし、係争事件に備える意味で10年間は保存することが望ましい。

(2) 計算関係書類及び会計参与報告の株主及び債権者への開示

　会計参与は、計算関係書類及び会計参与報告を株主及び債権者に開示する際のリスクを軽減する意味で、会計参与契約に以下の手続について定めることが望ましい。

① 株主又は債権者から計算関係書類及び会計参与報告の閲覧・交付の請求があった際には、請求をしてきた者にあらかじめ取締役が発行する株主又は債権者であることの資格を証する書面（以下「閲覧・交付請求者資格証明書」という。）を入手してもらい、その書面を提示した者を資格者として扱うことを原則とする。

　なお、取締役が請求者を株主又は債権者ではないと判断し、会計参与に直接その旨の回答をした場合には、請求者が株券、社債券、金銭消費貸借契約書、会社が発行した物品受領書と請求書控えの両方などを会計参与に対して提示したときを除き、会計参与は閲覧・交付の請求に応じない。

② 会社が破産・更正等自らの責めに基づく事由及びあらかじめ契約で定めた一定期間内に閲覧・交付請求者資格証明書を発行することができない場合などの例外的場合には、会計参与は請求者の閲覧・交付の請求に応ずることについての了解を得ておくことが必要となる。

　なお、一定期間内に閲覧・交付請求者資格証明書を発行することができない場合に備えて、その一定期間の起算点を示す資料を作っておくことが望ましい。

③ 会計参与は、株主又は債権者であることを推定するに足る書類、例えば、株券、社債券、金銭消費貸借契約書、会社が発行した物品受領書と請求書控えの両方などを持参した請求者の閲覧・交付の請求に会計参与が応ずることの了解を得ておくことが実務上必要となる。

　なお、その際の請求者の本人確認が必要である。

④ 会計参与は、計算関係書類及び会計参与報告の閲覧・交付の請求時に質問を受けても説明義務がない点に留意する。

⑤ 謄本・抄本の交付を行う場合には、会計参与が請求者にあらかじめ提示した費用相当額を受領する。

(参考9)

公認会計士の監査基準

第一　監査の目的

　財務諸表の監査の目的は、経営者の作成した財務諸表が、一般に公正妥当と認められる企業会計の基準に準拠して、企業の財政状態、経営成績及びキャッシュ・フローの状況をすべての重要な点において適正に表示しているかどうかについて、監査人が自ら入手した監査証拠に基づいて判断した結果を意見として表明することにある。

　財務諸表の表示が適正である旨の監査人の意見は、財務諸表には、全体として重要な虚偽の表示がないということについて、合理的な保証を得たとの監査人の判断を含んでいる。

第二　一般基準

1　監査人は、職業的専門家として、その専門能力の向上と実務経験等から得られる知識の蓄積に常に努めなければならない。

2　監査人は、監査を行うに当たって、常に公正不偏の態度を保持し、独立の立場を損なう利害や独立の立場に疑いを招く外観を有してはならない。

3　監査人は、職業的専門家としての正当な注意を払い、懐疑心を保持して監査を行わなければならない。

4　監査人は、財務諸表の利用者に対する不正な報告あるいは資産の流用の隠蔽を目的とした重要な虚偽の表示が、財務諸表に含まれる可能性を考慮しなければならない。また、違法行為が財務諸表に重要な影響を及ぼす場合があることにも留意しなければならない。

5　監査人は、監査計画及びこれに基づき実施した監査の内容並びに判断の過程及び結果を記録し、監査調書として保存しなければならない。

6　監査人は、監査を行うに当たって、指揮命令の系統及び職務の分担を明らかにし、当該監査に従事する補助者に対して適切な指示、指導及び監督を行わなければならない。また、監査人は、自らの組織としても、すべての監査が一般に公正妥当と認められる監査の基準に準拠して適切に実施されるために必要な管理の方針と手続を定め、これらに従って監査が実施されていることを確かめなければならない。

7　監査人は、業務上知り得た事項を正当な理由なく他に漏らし、又は窃用してはならない。

第三　実施基準
一　基本原則
1　監査人は、監査リスクを合理的に低い水準に抑えるために、固有リスクと統制リスクを暫定的に評価して発見リスクの水準を決定するとともに、監査上の重要性を勘案して監査計画を策定し、これに基づき監査を実施しなければならない。
2　監査人は、自己の意見を形成するに足る合理的な基礎を得るために、実在性、網羅性、権利と義務の帰属、評価の妥当性、期間配分の適切性及び表示の妥当性等の監査要点に適合した十分かつ適切な監査証拠を入手しなければならない。
3　監査人は、十分かつ適切な監査証拠を入手するに当たっては、原則として、試査に基づき、統制リスクを評価するために行う統制評価手続及び監査要点の直接的な立証のために行う実証手続を実施しなければならない。
4　監査人は、職業的専門家としての懐疑心をもって、不正及び誤謬により財務諸表に重要な虚偽の表示がもたらされる可能性に関して評価を行い、その結果を監査計画に反映し、これに基づき監査を実施しなければならない。
5　監査人は、監査計画の策定及びこれに基づく監査の実施において、企業が将来にわたって事業活動を継続するとの前提（以下「継続企業の前提」という。）に基づき経営者が財務諸表を作成することが適切であるか否かを検討しなければならない。

二　監査計画の策定
1　監査人は、監査を効果的かつ効率的に実施するために、監査リスクと監査上の重要性を勘案して監査計画を策定しなければならない。
2　監査人は、監査計画の策定に当たり、景気の動向、企業が属する産業の状況、企業の事業内容、経営者の経営理念、経営方針、情報技術の利用状況その他企業の経営活動に関わる情報を入手して、固有リスクと統制リスクを暫定的に評価しなければならない。
3　監査人は、企業の内部統制の状況を把握して統制リスクを暫定的に評価し、財務諸表項目自体が有する固有リスクも勘案した上で、統制評価手続に係る監査計画並びに発見リスクの水準に応じた実証手続に係る監査計画を策定し、実施すべき監査手続、実施の時期及び範囲を決定しなければならない。

4　監査人は、企業が利用する情報技術が監査に及ぼす影響を検討し、その利用状況に適合した監査計画を策定しなければならない。

   5　監査人は、監査計画の策定に当たって、財務指標の悪化の傾向、財政破綻の可能性その他継続企業の前提に重要な疑義を抱かせる事象又は状況の有無を確かめなければならない。

   6　監査人は、監査計画の前提として把握した事象や状況が変化した場合、あるいは監査の実施過程で新たな事実を発見した場合には、適宜、監査計画を修正しなければならない。

 三　監査の実施

   1　監査人は、統制評価手続を実施した結果、暫定的に評価した統制リスクの水準を変更する必要がないと判断した場合には、監査計画において策定した実証手続を実施し、統制リスクの水準が暫定的な評価よりも高いと判断した場合には、発見リスクを低くするために、監査計画において策定した実証手続を修正することにより十分かつ適切な監査証拠を入手しなければならない。

   2　監査人は、ある特定の監査要点について、内部統制が存在しないか、あるいは統制リスクが高いと判断した場合には、統制評価手続を実施せず、実証手続により十分かつ適切な監査証拠を入手しなければならない。

   3　監査人は、会計上の見積りの合理性を判断するために、経営者が行った見積りの方法の評価、その見積りと監査人の行った見積りや実績との比較等により、十分かつ適切な監査証拠を入手しなければならない。

   4　監査人は、監査の実施において不正又は誤謬を発見した場合には、経営者等に報告して適切な対応を求めるとともに、適宜、監査手続を追加して十分かつ適切な監査証拠を入手し、当該不正等が財務諸表に与える影響を評価しなければならない。

   5　監査人は、継続企業の前提に重要な疑義を抱かせる事象又は状況が存在すると判断した場合には、当該疑義に関して合理的な期間について経営者が行った評価、当該疑義を解消させるための対応及び経営計画等の合理性を検討しなければならない。

   6　監査人は、適正な財務諸表を作成する責任は経営者にあること、財務諸表の作成に関する基本的な事項、経営者が採用した会計方針、経営者は監査の実施に必要な資料を全て提示したこと及び監査人が必要と判断した事項について、経営者から書面をもって確認しなければならない。

四　他の監査人等の利用
1　監査人は、他の監査人によって行われた監査の結果を利用する場合には、当該他の監査人によって監査された財務諸表等の重要性及び他の監査人の信頼性の程度を勘案して、他の監査人の実施した監査が適切であるかを評価し、他の監査人の実施した監査の結果を利用する程度及び方法を決定しなければならない。
2　監査人は、専門家の業務を利用する場合には、専門家としての能力及びその業務の客観性を評価し、その業務の結果が監査証拠として十分かつ適切であるかどうかを検討しなければならない。
3　監査人は、企業の内部監査の目的及び手続が監査人の監査の目的に適合するかどうか、内部監査の方法及び結果が信頼できるかどうかを評価した上で、内部監査の結果を利用できると判断した場合には、財務諸表の項目に与える影響等を勘案して、その利用の程度を決定しなければならない。

第四　報告基準
一　基本原則
1　監査人は、経営者の作成した財務諸表が、一般に公正妥当と認められる企業会計の基準に準拠して、企業の財政状態、経営成績及びキャッシュ・フローの状況をすべての重要な点において適正に表示しているかどうかについて意見を表明しなければならない。
2　監査人は、財務諸表が一般に公正妥当と認められる企業会計の基準に準拠して適正に表示されているかどうかの判断に当たっては、経営者が採用した会計方針が、企業会計の基準に準拠して継続的に適用されているかどうかのみならず、その選択及び適用方法が会計事象や取引を適切に反映するものであるかどうか並びに財務諸表の表示方法が適切であるかどうかについても評価しなければならない。
3　監査人は、監査意見の表明に当たっては、監査リスクを合理的に低い水準に抑えた上で、自己の意見を形成するに足る合理的な基礎を得なければならない。
4　監査人は、重要な監査手続を実施できなかったことにより、自己の意見を形成するに足る合理的な基礎を得られないときは、意見を表明してはならない。
5　監査人は、意見の表明に先立ち、自らの意見が一般に公正妥当と認められる監査の基準に準拠して適切に形成されていることを確かめるため、意見表明に関する審査を受けなければならない。

二　監査報告書の記載区分
　1　監査人は、監査報告書において、監査の対象、実施した監査の概要及び財務諸表に対する意見を明瞭かつ簡潔に記載しなければならない。ただし、意見を表明しない場合には、その旨を監査報告書に記載しなければならない。
　2　監査人は、財務諸表の表示が適正であると判断し、その判断に関して説明を付す必要がある事項及び財務諸表の記載について強調する必要がある事項を監査報告書において情報として追記する場合には、意見の表明とは明確に区別しなければならない。
三　無限定適正意見の記載事項
　　監査人は、経営者の作成した財務諸表が、一般に公正妥当と認められる企業会計の基準に準拠して、企業の財政状態、経営成績及びキャッシュ・フローの状況をすべての重要な点において適正に表示していると認められると判断したときは、その旨の意見（この場合の意見を「無限定適正意見」という。）を表明しなければならない。この場合には、監査報告書に次の記載を行うものとする。
　⑴　監査の対象
　　　監査対象とした財務諸表の範囲、財務諸表の作成責任は経営者にあること、監査人の責任は独立の立場から財務諸表に対する意見を表明することにあること
　⑵　実施した監査の概要
　　　一般に公正妥当と認められる監査の基準に準拠して監査を行ったこと、監査の基準は監査人に財務諸表に重要な虚偽の表示がないかどうかの合理的な保証を得ることを求めていること、監査は試査を基礎として行われていること、監査は経営者が採用した会計方針及びその適用方法並びに経営者によって行われた見積りの評価も含め全体としての財務諸表の表示を検討していること、監査の結果として意見表明のための合理的な基礎を得たこと
　⑶　財務諸表に対する意見
　　　経営者の作成した財務諸表が、一般に公正妥当と認められる企業会計の基準に準拠して、企業の財政状態、経営成績及びキャッシュ・フローの状況をすべての重要な点において適正に表示していると認められること
四　意見に関する除外
　1　監査人は、経営者が採用した会計方針の選択及びその適用方法、財務諸表の表示方法に関して不適切なものがあり、無限定適正意見を表明することができない場合において、その影響が財務諸表を全体として虚偽の表示に当たるとするほど

には重要でないと判断したときには、除外事項を付した限定付適正意見を表明しなければならない。この場合には、財務諸表に対する意見において、除外した不適切な事項及び財務諸表に与えている影響を記載しなければならない。

2　監査人は、経営者が採用した会計方針の選択及びその適用方法、財務諸表の表示方法に関して著しく不適切なものがあり、財務諸表が全体として虚偽の表示に当たると判断した場合には、財務諸表が不適正である旨の意見を表明しなければならない。この場合には、財務諸表に対する意見において、財務諸表が不適正である旨及びその理由を記載しなければならない。

五　監査範囲の制約

1　監査人は、重要な監査手続を実施できなかったことにより、無限定適正意見を表明することができない場合において、その影響が財務諸表に対する意見表明ができないほどには重要でないと判断したときには、除外事項を付した限定付適正意見を表明しなければならない。この場合には、実施した監査の概要において実施できなかった監査手続を記載し、財務諸表に対する意見において当該事実が影響する事項を記載しなければならない。

2　監査人は、重要な監査手続を実施できなかったことにより、財務諸表に対する意見表明のための合理的な基礎を得ることができなかったときには、意見を表明してはならない。この場合には、財務諸表に対する意見を表明しない旨及びその理由を記載しなければならない。

3　監査人は、他の監査人が実施した監査の重要な事項について、その監査の結果を利用できないと判断したときに、更に当該事項について、重要な監査手続を追加して実施できなかった場合には、重要な監査手続を実施できなかった場合に準じて意見の表明の適否を判断しなければならない。

4　監査人は、将来の帰結が予測し得ない事象又は状況について、財務諸表に与える当該事象又は状況の影響が複合的かつ多岐にわたる場合には、重要な監査手続を実施できなかった場合に準じて意見の表明ができるか否かを慎重に判断しなければならない。

六　継続企業の前提

1　監査人は、継続企業の前提に重要な疑義が認められるときに、その重要な疑義に関わる事項が財務諸表に適切に記載されていると判断して無限定適正意見を表明する場合には、当該重要な疑義に関する事項について監査報告書に追記しなければならない。

2　監査人は、継続企業の前提に重要な疑義が認められるときに、その重要な疑義に関わる事項が財務諸表に適切に記載されていないと判断した場合は、当該不適切な記載についての除外事項を付した限定付適正意見を表明するか、又は、財務諸表が不適正である旨の意見を表明し、その理由を記載しなければならない。

3　監査人は、継続企業の前提に重要な疑義を抱かせる事象又は状況が存在している場合において、経営者がその疑義を解消させるための合理的な経営計画等を提示しないときには、重要な監査手続を実施できなかった場合に準じて意見の表明の適否を判断しなければならない。

4　監査人は、継続企業を前提として財務諸表を作成することが適切でない場合には、継続企業を前提とした財務諸表については不適正である旨の意見を表明し、その理由を記載しなければならない。

七　追記情報

監査人は、次に掲げる事項その他説明又は強調することが適当と判断した事項は、監査報告書に情報として追記するものとする。

(1)　正当な理由による会計方針の変更

(2)　重要な偶発事象

(3)　重要な後発事象

(4)　監査した財務諸表を含む開示書類における当該財務諸表の表示とその他の記載内容との重要な相違

(参考10) 「中小企業の会計指針」の適用に関するチェックリスト

「中小企業の会計に関する指針の適用に関するチェックリスト」について

　日本税理士会連合会では、中小企業の計算書類について、「中小企業の会計に関する指針」の適用状況を確認するための書類として、「中小企業の会計に関する指針の適用に関するチェックリスト」を作成し、公表しております。

　この度、「中小企業の会計に関する指針」の改正を機に、より記載しやすくするため、平成19年5月24日付けで本チェックリストを改訂いたしました。

日本税理士会連合会

「中小企業の会計に関する指針」の適用に関するチェックリスト

(平成19年5月改訂)

平成　年　月　日

[会社名] _____

代表取締役 _____ 様

税理士 _____ ㊞
[事務所の名称及び所在地]
_____

[連絡先電話番号]
(　　　)　－

私は、貴社の平成　年　月　日から平成　年　月　日までの事業年度における計算書類への「中小企業の会計に関する指針」の適用状況に関して、貴社から提供された情報に基づき、次のとおり確認を行いました。

勘定科目		No.	確認事項	残高等	チェック	
金銭債権	(1)預貯金	1	残高証明書又は預金通帳等により残高を確認したか。		YES	NO
	(2)手形割引等	2	手形の割引がある場合に、手形譲渡損を計上したか。	有／無	YES	NO
	(3)表示	3	営業上の債権のうち破産債権等で1年以内に弁済を受けることができないものがある場合、これを投資その他の資産の部に表示したか。	有／無	YES	NO
		4	営業上の債権以外の債権でその履行時期が1年以内に到来しないものがある場合、これを投資その他の資産の部に表示したか。	有／無	YES	NO
		5	関係会社に対する金銭債権がある場合、項目ごとの区分表示又は注記をしたか。	有／無	YES	NO
		6	受取手形の割引額がある場合、これを注記したか。	有／無	YES	NO
		7	受取手形の裏書譲渡額がある場合、これを注記したか。	有／無	YES	NO
	(4)デリバティブ	8	デリバティブ取引による正味の債権債務で時価評価すべきものがある場合、これを時価で評価したか。	有／無	YES	NO
	(5)貸倒損失・貸倒引当金	9	法的に消滅した債権又は回収不能な債権がある場合、これらについて貸倒損失を計上し債権金額から控除したか。(＊)	有／無	YES	NO
		10	取立不能のおそれがある金銭債権がある場合、その取立不能見込額を貸倒引当金として計上したか。(＊)	有／無	YES	NO
		11	貸倒損失・貸倒引当金繰入額等がある場合、その発生の態様に応じて損益計算書上区分して表示したか。	有／無	YES	NO

270

参　考

勘定科目	No.	確認事項	残高等	チェック
有価証券	12	有価証券がある場合、売買目的有価証券、満期保有目的の債権、子会社株式及び関連会社株式、その他有価証券に区分して評価したか。	有／無	YES ／ NO
	13	売買目的有価証券がある場合、時価を貸借対照表価額とし、評価差額は営業外損益としたか。（＊）	有／無	YES ／ NO
	14	市場価格のあるその他有価証券を保有する場合、それが多額であるか否かによって適正に処理したか。	有／無	YES ／ NO
	15	時価が取得価額より著しく下落し、かつ、回復の見込みがない市場価格のある有価証券（売買目的有価証券を除く。）を保有する場合、これを時価で評価し、評価差額は特別損失に計上したか。（＊）	有／無	YES ／ NO
	16	その発行会社の財政状態が著しく悪化した市場価格のない株式を保有する場合、これについて相当の減額をし、評価差額は当期の損失として処理したか。（＊）	有／無	YES ／ NO
棚卸資産	17	最終仕入原価法により評価している棚卸資産がある場合、期間損益計算上、著しい弊害がないことを確認したか。	有／無	YES ／ NO
	18	原価法を採用している棚卸資産で、時価が取得原価より著しく低く、かつ、将来回復の見込みがないものがある場合、これを時価で評価したか。（＊）	有／無	YES ／ NO
経過勘定等	19	前払費用と前払金、前受収益と前受金、未払費用と未払金、未収収益と未収金は、それぞれ区別し、適正に処理したか。（＊）	有／無	YES ／ NO
	20	立替金、仮払金、仮受金等の項目のうち、金額の重要なもの又は当期の費用又は収益とすべきものがある場合、適正に処理したか。	有／無	YES ／ NO
固定資産	21	減価償却は経営状況により任意に行うことなく、継続して規則的な償却を行ったか。（＊）	有／無	YES ／ NO
	22	適用した耐用年数等が著しく不合理となった固定資産がある場合、耐用年数又は残存価額を修正し、これに基づいて過年度の減価償却累計額を修正し、修正額を特別損失に計上したか。	有／無	YES ／ NO
	23	予測することができない減損が生じた固定資産がある場合、相当の減額をしたか。（＊）	有／無	YES ／ NO
	24	使用状況に大幅な変更があった固定資産がある場合、減損の可能性について検討したか。	有／無	YES ／ NO
	25	研究開発に該当するソフトウェア制作費がある場合、研究開発費として費用処理したか。	有／無	YES ／ NO
	26	研究開発に該当しない社内利用のソフトウェア制作費がある場合、無形固定資産に計上したか。	有／無	YES ／ NO
繰延資産	27	資産として計上した繰延資産は、当期の償却を適正にしたか。	有／無	YES ／ NO
	28	税法固有の繰延資産は、投資その他の資産の部に長期前払費用等として計上し、支出の効果の及ぶ期間で償却を行ったか。	有／無	YES ／ NO

勘定科目	No.	確認事項	残高等	チェック
金銭債務	29	金銭債務は網羅的に計上し、債務額を付したか。	無	有 YES / NO
金銭債務	30	借入金その他営業上の債務以外の債務でその支払期限が1年以内に到来しないものがある場合、これを固定負債の部に表示したか。	無	有 YES / NO
金銭債務	31	関係会社に対する金銭債務がある場合、項目ごとの区分表示又は注記をしたか。	無	有 YES / NO
金銭債務	32	デリバティブ取引による正味の債権債務で時価評価すべきものがある場合、これを時価で評価したか。	無	有 YES / NO
引当金	33	将来発生する可能性の高い費用又は損失が特定され、発生原因が当期以前にあり、かつ、設定金額を合理的に見積ることができるものがある場合、これを引当金として計上したか。（＊）	無	有 YES / NO
引当金	34	役員賞与を支給する場合、発生した事業年度の費用として処理したか。	無	有 YES / NO
退職給付債務・退職給付引当金	35	確定給付型退職給付制度（退職一時金制度、厚生年金基金、適格退職年金及び確定給付企業年金）を採用している場合は、退職給付引当金を計上したか。（＊）	無	有 YES / NO
退職給付債務・退職給付引当金	36	中小企業退職金共済制度、特定退職金共済制度及び確定拠出型年金制度を採用している場合は、毎期の掛金を費用処理したか。（＊）	無	有 YES / NO
退職給付債務・退職給付引当金	37	新たな会計処理の採用に伴う影響額を定額法により費用処理した場合には、未償却の金額を注記したか。	無	有 YES / NO
税金費用・税金債務	38	法人税、住民税及び事業税は、発生基準により損益計算書に計上したか。		YES / NO
税金費用・税金債務	39	決算日後に納付すべき税金債務は、流動負債に計上したか。		YES / NO
税金費用・税金債務	40	税額控除の適用を受ける受取配当・受取利息に関する源泉所得税がある場合、法人税、住民税及び事業税に含めたか。	無	有 YES / NO
税金費用・税金債務	41	決算日における未払消費税等（未収消費税等）がある場合、未払金（未収入金）又は未払消費税等（未収消費税等）として表示したか。	無	有 YES / NO
税効果会計	42	一時差異の金額に重要性がある繰延税金資産又は繰延税金負債がある場合、これを計上したか。	無	有 YES / NO
税効果会計	43	繰延税金資産を計上している場合、厳格かつ慎重に回収可能性を検討したか。	無	有 YES / NO
税効果会計	44	繰延税金資産及び繰延税金負債を計上している場合は、その主な内訳等を注記したか。	無	有 YES / NO
純資産	45	純資産の部は株主資本と株主資本以外に区分し、株主資本は、資本金、資本剰余金、利益剰余金に区分し、また、株主資本以外の各項目は、評価・換算差額等及び新株予約権に区分したか。		YES / NO
収益・費用の計上	46	収益及び費用については、一会計期間に属するすべての収益とこれに対応するすべての費用を計上したか。（＊）		YES / NO
収益・費用の計上	47	原則として、収益については実現主義により、費用については発生主義により認識したか。（＊）		YES / NO

勘定科目	No.	確認事項	残高等	チェック	
外貨建取引等	48	外貨建取引を行っている場合、取引発生時の為替相場による円換算額により記録したか。	無	有 YES	NO
	49	外国通貨を保有している場合、決算時の為替相場による円換算額を付したか。	無	有 YES	NO
	50	外貨建金銭債権債務（外貨預金を含む。）がある場合、原則として、決算時の為替相場による円換算額を付したか。	無	有 YES	NO
	51	外貨建ての子会社株式及び関連会社株式がある場合、取得時の為替相場による円換算額を付したか。	無	有 YES	NO
株主資本等変動計算書	52	株主資本の各項目は、前期末残高、当期変動額及び当期末残高に区分し、当期変動額は変動事由ごとにその金額を表示したか。		YES	NO
	53	株主資本以外の各項目がある場合、前期末残高、当期変動額及び当期末残高に区分し、当期変動額は純額で表示したか。	無	有 YES	NO
	54	発行済株式及び自己株式について、その種類及び株式数に関する事項を注記したか。		YES	NO
	55	剰余金の配当がある場合、当期中の支払額及び翌期の支払額を注記したか。	無	有 YES	NO
個別注記表	56	重要な会計方針に係る事項について注記をしたか。		YES	NO
	57	会社の財産又は損益の状態を正確に判断するために必要な事項がある場合、これを注記したか。	無	有 YES	NO
上記以外の「中小企業の会計に関する指針」の項目について適用状況を確認したか。				YES	NO

当期において会計方針の変更等があった場合には、その内容及び影響額	
所　見	

※「残高等」欄については、該当する勘定科目の残高がない場合又は「確認事項」に該当する事実がない場合は「無」を○で囲み、これらがある場合は、「確認事項」のとおり「中小企業の会計に関する指針」に従って処理しているときは、「チェック」欄の「YES」を、同指針に従った処理をしていないときは同欄の「NO」を○で囲む。
※「NO」の場合は、「所見」欄にその理由等を記載する（なお、（*）が付された「確認事項」については、その事項ごとに理由等を詳細に記載する。）。
※「所見」欄は、上記の点のほか、当該会社の経営に関する姿勢、将来性、技術力等、特にみるべきものがある場合に記入する。

あとがき

　税務監査は、税理士の日常業務のなかで実施されているものですが、残念ながらその業務がまだ社会的には認知されておりません。また、書面添付制度につきましても、税理士の権利としては認められていますが、納税者の権利とはなっておりません。

　税理士の使命である「納税義務の適正な実現」には、税務監査が必要不可欠な条件です。その結果として「適正な申告」が担保されると考えております。しかし、税務監査が業務として認知されていない現状では、書面添付制度を活用してアピールするしか手段がありません。

　税務監査は、税理士が調査対象者の選定ポイントを先取りしてチェックし、問題があれば代表者を説得して、是正措置を講じることになります。しかし、是正の権限があるわけではありません。したがって応じていただけない場合もあります。その場合は、書面添付制度を活用できないことになります。

　一方、是正を受け入れていただいた納税者の方には、添付書面制度を活用して、税務署に税務監査事項の説明ができます。意見聴取の段階で疑問点を解消できますし、調査があったとしても安心して立ち会うことができるわけです。

　本書は、そういった材料を提供することを目的として執筆したものです。筆者の表現力不足でなかなか真意をお伝えできていない部分も随所にあるかとは思いますが、税理士諸兄の賢明な頭脳で意図するところを読み取っていただければ幸いです。税理士会本会も新書面添付に対応する業務チェックリストを発行されておりますので、本書と合わせて活用願えれば「鬼に金棒」になるのではと期待しております。

　本文「節税と脱税は紙一重」の項でも述べましたように、過度の節税は重加算税の対象になるおそれがあります。「転ばぬ先の杖」ではありませんが、確実な防波堤の構築に本書が少しでもお役に立つことを願っております。

□著者紹介

菅原宣明（税理士）
すが はら のぶ あき

昭和23年生まれ。

昭和42年、税務大学校大阪研修所入校。普通科27期。

昭和43年より、大阪国税局管内税務署で主に法人税の調査に従事
　後、国際調査専門官、統括国税調査官等を歴任。

平成12年7月、総合調査部門創設と同時に、神戸税務署特別国税
　調査官（総合調査担当）として着任。在任中、国税庁長官表彰
　を受賞するなど抜群の実績を上げる。

平成14年7月、同職を最後に退官。

平成14年10月、税理士登録。

菅原税理士事務所ホームページ
　　http://www.h4.dion.ne.jp/~nosu/

〈税務調査の事前対策〉
企業を守る「税務監査」のポイント

平成20年4月10日発行
著　者　菅原宣明　ⓒ
　　　　すが はら のぶ あき
発行者　小泉定裕
発行所　　　株式会社　清文社
　　　　大阪市北区天神橋2丁目北2-6（大和南森町ビル）
　　　　〒530-0041　電話06（6135）4050　FAX06（6135）4059
　　　　東京都千代田区神田司町2の8の4（吹田屋ビル）
　　　　〒101-0048　電話03（5289）9931　FAX03（5289）9937
　　　　URL：http://www.skattsei.co.jp

印刷・製本　大村印刷株式会社
■著作権法により無断複写複製は禁止されています。落丁本・乱丁本はお取り替えいたします。
ISBN978-4-433-32397-4

どこの会社でもよくある
税目別 税務調査の指摘事例 Q&A

税理士 平塚秀明 著

法人税/源泉所得税/消費税/
所得税/相続・贈与税/印紙税の税目別に
調査官の狙いどころを具体的にアドバイス!

ホンモノの調査で否認されないための実務的な処理が学べる経理担当者・経営者のためのトラブル解決本。

■A5判236頁/定価 2,100円（税込）

会社法と税理士業務

新日本監査法人
公認会計士 太田達也 編著
公認会計士 猪熊浩子・西原 直 共著

中小企業にも関係の深い会社法の基礎知識（有限会社の今後、機関設計や取締役の任期、組織変更手続など）から法人税・相続税・消費税等との関連まで税理士が最低限知っておきたい会社法のポイントを、定評ある著者がわかりやすく解説。

■A5判368頁/定価 2,730円（税込）

相続税・贈与税の申告書作成ガイド

公認会計士・税理士 田中章介・田中 将 著

・申告書を書くために知っておくべき相続税と贈与税の基礎知識を満載。
・相互に関係した内容を根拠条文も明示しつつ平易に解説。
・理解しやすいように設例による記載例を随所に要領よく配置。

■B5判344頁/定価 2,520円（税込）